Kristina Hazler

BewusstseinsCoaching 1
Das menschliche Paradoxon

BEWUSSTSEINSCOACHING 1

Das menschliche Paradoxon

Kristina Hazler

3. Ausgabe, 2016
© 2010 BewusstseinsAkademie, Wien
Alle Rechte vorbehalten.

Lektorat: BewusstseinsAkademie, Wien
Umschlaggestaltung: © BewusstseinsAkademie, Wien
Umschlagmotiv: © BarGar / shutterstock
Printed in Germany by Amazon Distribution GmbH
ISBN: 978-3-903014-04-6

www.BewusstseinsAkademie.com

Das SelbstErkennen während des Lesens dieses Buches ist nicht zufällig, sondern möglich.

Erst im Vertrauen,
in der Aufmerksamkeit
und der optimalen Geschwindigkeit
ist es möglich,
das,
was nicht wahr ist
bzw. sich nicht wahrhaftig anfühlt,
zu erkennen.

– Kristina Hazler –

Inhalt

Vorwort	13
Härte & Durchsetzungskraft *Das Geheimnis liegt in der Entscheidung*	15
Gewohnheit & Zufall *Taten sagen mehr als tausend Worte*	23
Muss & muss nicht *Sich von Misserfolgen nicht entmutigen lassen*	31
Gewicht & Gewichtigkeit *Wer bestimmt die (Ge)Wichtigkeit?*	41
Grenzerfahrung *Alles ist im grünen Bereich*	51
Sprache *Was kommt an?*	61
Träumen *Sensible Vorbereitung auf das was kommt*	71

Unzufriedenheit	83
Wer soll uns in dieser Welt helfen?	
Ernsthaftigkeit	95
Warum müssen wir ernst sein?	
Traurigkeit	103
Lasse dich nicht täuschen!	
Aufmerksamkeit	111
Die Absicht im Vertrauen zu leben	
Müdigkeit	127
Selbstignoranz erkennen	
Individualität	139
Im Geiste ist alles möglich	
Eile	151
Das kann doch nicht wahr sein!	
Das halbe Leben	163

Vorwort

Dieses Buch ist aus meinem Bedürfnis heraus entstanden, aufzuzeigen, dass all die kleinen und großen „Plagen" und „Katastrophen", die uns tagtäglich umgeben, normal und menschlich sind und vor allem, dass sie da sind, nicht als „Strafe", sondern als Lernmittel und Wegbegleiter, um uns auf dem Wege zu mehr Bewusstheit bzw. erweitertem Bewusstsein zu dienen.

Das gesamte Buch ist in Form von Gesprächen bzw. Coachings geschrieben, um die Möglichkeiten des Bewusst-seins-Coachings, ob in Eigenregie oder mit einem irdischen bzw. geistigen Coach, näher zu bringen. Der BewusstseinsCoach ist jemand, der den Fokus hält, zentriert, einen Abstand zu den Themen behält und vor allem immer wieder mit neuen Einblicken und Blickwinkeln „provoziert", lässt er doch einen großzügigen Rahmen für eigenes Tempo, Entdeckungen und Selbstfindung.

Ich persönlich bedanke mich bei meinem Coach für die großartige Belebung und Bewusstmachung meines Daseins – Danke!

Härte & Durchsetzungskraft

Ich habe gerade eine neue Datei für diese „Gespräche" auf meinem Computer eingerichtet. Ich weiß ja auch nicht, ob „Gespräch" das optimale Wort ist für das, was wir da vorhaben. Was meinst du?

Gespräch ist ein Synonym für Austausch und Kommunikation, das, wenn man es nicht einschränkt, auf verschiedenen Ebenen stattfindet.

O.K.

Also, was für Fragen soll ich dir denn für den Anfang so stellen?

Ist es nicht dein Job, mir die Fragen zu stellen?

Ja, aber wegen der Fülle an Möglichkeiten habe ich auf einmal keine Ahnung, wo ich anfangen, wo ich hinschauen und wie/wohin ich mich ausrichten soll. Oft hilfst du mir als mein geistiger Coach sogar dabei, die richtige Frage für mein aktuelles Thema zu finden, damit ich mir bewusstwerden kann, wo ich gerade unsicher, am Schwimmen bzw. Ertrinken bin. Ja, ja, ich höre dich schon sagen – du hast Recht, warum nicht gleich mit dem Thema anfangen, das mich heute seit dem Aufstehen beschäftigt – „die Härte der Welt". Aber was soll ich dich denn dazu fragen? Vielleicht eine ganz „normale", neugierige Frage für den Anfang:

Wie bist du in deinen Inkarnationen mit der Härte der Welt umgegangen?

Na ja, das ist so ein Thema. Die Härte ist in Wirklichkeit nicht da, man kann sich dieser Tatsache bewusst werden, aber bis es soweit ist, also solange man an die Härte glaubt, ist es selbstverständlich nicht einfach, mit diesem Thema umzugehen.

Man kann es sich so vorstellen: Man ist ein Visionär und will irgendetwas bewerkstelligen, aber man kommt damit nicht weiter, weil die Durchsetzungskraft fehlt, die für das Projekt von Nöten zu sein scheint. Wie geht man damit um? Man könnte versuchen sich nicht einschüchtern zu lassen und der eigenen Linie treu bleiben, egal was die Außenwelt verlangt. Du weißt, wie schwierig es heutzutage ist, sich und der Idee zu vertrauen, sich nicht verunsichern, aus der Bahn werfen zu lassen. Das ist die eigentliche Herausforderung

Das Geheimnis liegt in der Entscheidung

(die Lektion), um die es geht – den Fokus möglichst nicht zu verlieren.

Es gibt unzählige Facetten von Ablenkungen, die sich in dieser Welt manifestieren. Der Sinn ist aber nicht, auch wenn es als Vorsichtsmaßnahme gedacht ist, zu beginnen diese zu untersuchen. Ich behaupte, für den Anfang reicht einfach die Information darüber, dass es Ablenkungen gibt. Wozu sich mit ihnen beschäftigen? So richtet man den erwähnten Fokus auf sie statt auf das eigentliche Vorhaben aus und – schwups! – zieht dann Tag für Tag nichts anderes als die unendliche Ablenkungsvielfalt in die eigene Welt hinein.

Und …?

Glaubst du, es ist dein Job, Ablenkungen zu studieren? Du kennst doch deinen Gradmesser dafür, was deins ist und was nicht, ob du einer fremden Spur folgst. Macht es dir Spaß und Freude, dich mit Ablenkungen herumzuplagen? Ich kenne dich „ein wenig" und weiß, dass es nicht der Fall ist. Also, warum sich mit Ablenkungen beschäftigen, wenn es nicht Spaß macht? Die Ausrichtung, die ist wichtig!

Ja, aber wie soll man sich auf irgendetwas ausrichten, was man noch nicht kennt? Man weiß meist erst nachher Bescheid.

Wie schon gesagt, die Ausrichtung macht es. Würdest du jetzt anfangen zu suchen, wohin du dich ausrichten sollst, würdest du genauso in eine Falle tappen, weil du dich auf unzählige Möglichkeiten ausrichten würdest – und da ist jeder Mensch bald überfordert und entmutigt, weil es langwierig, wenn nicht sogar unmöglich erscheint, das Richtige zu finden. Deswegen ist es für viele Menschen oft einfacher, der Stimme und den Anweisungen derjenigen zu folgen, die Regeln aufstellen, die den Anschein erwecken, sie wüssten, wo es langgeht. Das fokussiert den orientierungslosen Menschen, er kann so erleichtert einer Richtung folgen, auch wenn es gar nicht seine ist, aber er braucht sich keinen Kopf mehr zu machen, alles wird ihm gesagt. Aber macht es ihm Spaß? Hat er Freude an seinem Leben? In den wenigsten Fällen ist das so, Ausnahmen gibt es natürlich immer.[1] Also noch einmal die gleiche Frage – macht es ihm Spaß? Höchstwahrscheinlich nicht, aber es bringt eine gewisse Erleichterung mit sich, weil er die Verantwortung abgegeben hat. Wenn etwas schiefgehen sollte, dann ist der andere schuld bzw. dafür verantwortlich.

Also, sich irgendwohin auszurichten, wo man etwas Interessantes vermutet, das ist auch nicht die optimalste Lösung.

---

1 *Bitte nicht vergessen, wir sprechen hier über die illusorischen Ausrichtungen, nicht über Menschen, die der göttlichen Stimme folgen.*

Das Geheimnis liegt in der Entscheidung

Wie wäre es damit, einfach das zu machen, was gerade da ist und Spaß macht? Wie wäre es, einem Faden von freudigen Augenblicken zu folgen?

Ich weiß, ich weiß ... was dich plagt. Kaum ein Mensch auf dieser Erde glaubt, dass man mit einfacher Freude Geld verdienen kann und, dass man sich ohne Geld ernähren kann. Mittlerweile ist diese Einstellung – zuerst kommt der Ernst und dann, wenn alles gut läuft, der Spaß – auf der ganzen Erde verbreitet. Früher gab es noch Völker, die sich ihre Existenz, ihr Überleben durch pure Freude sicherten, aber aufgrund des „globalisierten" Glaubens an den „Ernst" ist es heutzutage sehr schwierig, die Illusion der Ernsthaftigkeit und Strenge und die daraus abgeleitete allgegenwärtige Härte (die Anfangsfrage) zu durchschauen, nicht auf sie einzusteigen und sich selbst damit nicht zu identifizieren.

Die Antwort auf die ursprüngliche Frage, nämlich wie ich mit der Härte umgegangen bin, lautet: selbstverständlich mit Freude – aber erst dann, wenn ich es durchschaut habe. Ich freue mich Tag und Nacht über meine Entdeckung, dass die Härte nur eine Illusion und nicht die Wirklichkeit ist. Wovor hätte ich mich dann noch fürchten sollen, wenn es die Härte und die Strenge gar nicht gab? Wozu noch Durchsetzungskraft? Wogegen oder gegen wen sollte man sich durchsetzen, wenn alles im Fluss des natürlichen Laufs der Dinge war?

Das Geheimnis liegt in der Entscheidung – wo will man sich bewegen. In der Illusion, wo es diese ganzen „harten" Dinge gibt und wo dann logischerweise Durchsetzungskraft das Nonplusultra der Überlebensstrategie ist oder in der „anderen" Wirklichkeit, wo es keinen Grund gibt sich gegen irgendetwas durchzusetzen. Schon die Wörter selbst – „sich gegen irgendetwas durchsetzen" – verrät einem, worum es geht. In Wirklichkeit gibt es dort, wo Fülle ist, wo alles gedeiht und im Fluss ist, kein „gegen" bzw. „dagegen", sondern ein „miteinander". Sich durchsetzen zu müssen heißt immer – gegen jemanden, es projiziert einen Gegner, also einen Feind, den man schlagen soll/muss. Warum, wozu? Weil er besser, stärker, strenger ist? Alles nur Illusionen. Niemand ist besser, stärker usw., außer er möchte das glauben. Warum sich gegen jemanden durchsetzen wollen, der selbst verfahren ist und an „besser", „größer", „stärker", also lauter polare Dinge, glaubt, die gleichzeitig das Schlechtere, das Kleinere und Schwächere erschaffen?
Jeder lernt und für jeden kommt die Zeit zu erkennen.

Man könnte den Widerstand gegen die Ebene, wo die Härte noch existiert, ablegen und ihr mit Freude darüber, dass man sie durchschaut hat, sich nicht mit ihr identifiziert und sich nicht von ihr blenden lässt, begegnen.

Für heute ist es genug. Dieses Thema wird jetzt ein wenig arbeiten und das ist gut so … Und vergiss nicht, heute noch weiter das zu tun, was dir Spaß und Freude macht.

Gewohnheit & Zufall

Hier bin ich wieder. Wie du sicher weißt, ist heute ein seltsamer Tag. Das Auto hat mich heute, an meinem fünften Fastentag, mitten in der Stadt im Stich gelassen. In solch geschwächtem Zustand will man sich mit keinen Problemen beschäftigen, am liebsten würde man einfach zu Hause im Bett liegen. Aber das ist heute nicht gegangen und außerdem habe ich mich trotz des Fastens nicht besonders geschwächt gefühlt. Die Ereignisse haben sich, nachdem das Auto nicht anspringen wollte, weiter überschlagen. Hilfsbereite Menschen sind aus dem Nirgendwo aufgetaucht, haben mir von sich aus Hilfe angeboten, mir geholfen das Auto abzuschleppen, haben mich nach Hause gebracht und sogar einen Reparaturservice organisiert. Bevor ich mich versah, wurde das Auto zuerst zum Service und dann wieder zurückgebracht – kostenlos, wohl bemerkt. Also, solchen Dingen bin ich schon lange nicht mehr begegnet. Was sagst du dazu?

Was soll ich dazu erzählen, <u>die Taten sagen mehr als tausend Worte</u>. Es war an der Zeit, dass du auch eine solche Art von Erfahrung machst. Unabhängig davon hast du die Möglichkeit bekommen, dich selbst in dieser Situation in scheinbar geschwächtem Zustand zu erfahren und zu merken, wie ruhig und gelassen du mit der ganzen „stressigen" Situation umgegangen bist. Hilfsbereite Menschen wurden dir wie durch ein Wunder „in den Weg gelegt". An dieser Begegnung, die scheinbar so anders war, kannst du selbst deine Entwicklung erkennen. Das Resonanzgesetz ist hartnäckig und unumgehbar und besagt, dass man das trifft, dem begegnet, was man anzieht bzw. gerade braucht. Also hast du wahrscheinlich gerade diese Menschen und diese Art von freundlicher Unkompliziertheit und menschlicher Hilfsbereitschaft gebraucht. Ich sehe dir ja an, dass es dir gutgetan hat, also was soll man mehr dazu sagen ...?

Gestern haben wir das Thema „Freude und Spaß" angesprochen, vielleicht hat das ja auch damit etwas zu tun. Die Freude war für dich zwar nicht offensichtlich, weil du mit anderen Dingen beschäftigt warst – dem kaputten Auto, dem Abschleppen mit nicht wirklich funktionierenden Bremsen durch den ganzen Straßenverkehr ... und trotz der Sorge – wie wird es ohne bzw. mit kaputtem Auto werden – hat sich aufgrund der Begegnung in dir irgendetwas Freudiges bewegt. Es war für dich erfrischend und eine Erleichterung zu sehen, dass es „noch" hilfsbereite Menschen gibt. Damit keine Missverständnisse entstehen, muss ich anmerken, dass es Millionen solcher Menschen gibt, nur wissen sie es meistens nicht, weil sie ein anderes Bild von sich selbst haben.

Was hat das alles damit zu tun, dass wir uns gestern mit den beiden Themen „Härte & Durchsetzungskraft" beschäftigt haben und du heute so eine andersartige Erfahrung machen konntest? Denk mal nach ...

Ich glaube, ich ahne, was du andeuten willst. Du meinst wahrscheinlich, dass ich gestern für mich das Thema „Härte und Durchsetzung" durchschaut bzw. erkannt habe und deswegen braucht es bei mir nicht mehr zu wirken bzw. wie du gestern gesagt hast, ist es aus meiner Welt verschwunden. Kann man es so ausdrücken?

Ja und nein. Die Erfahrung mit dem Menschengeschlecht zeigt, dass ein Mensch längere Zeit braucht, bis er sich an die „neue", gerade erst zart erschaffene Welt gewöhnt hat. Er macht zwar die Erfahrung, dass es auch anders geht, aber der Kopf – weißt du, der Kopf will es noch nicht wirklich wahrhaben und denkt, das war eben eine Ausnahme, ein Glücksfall, ein Geschenk Gottes, eine Fügung – oder was auch immer der Mensch sich so zusammenreimt. Dem Menschen bereitet es Schwierigkeiten zu begreifen, dass er seine Welt wirklich alleine, also selbst, gestaltet bzw.

erschafft. Deswegen passiert es häufig – selbstverständlich gibt es auch Ausnahmen – , dass der Mensch einfach zwischen zwei oder mehreren Welten, an die er bewusst oder unbewusst glaubt, switcht. Ob es bewusst oder unbewusst ist, spielt hierbei fast keine Rolle. Sichtbar wird es in einer Art Launenhaftigkeit, die ihn einmal so und ein anderes Mal so denken lässt.

Wenn wir schon mal beim Thema „Laune" sind, da hast du ja diese Woche mit Hilfe deiner Muttersprache eine interessante Entdeckung gemacht, wobei der Ausdruck für „Laune" erahnen ließ, worum es dabei geht.[2] Launenhaftigkeit ist eine Verschiebung aus der eigenen Mitte in irgendeine Richtung oder irgendeine Welt. So wie bei einem Pendel, schwankt man dann hin und her, und hin und her, und es dauert eine gewisse Zeit, bis sich das System beruhigt hat und man wieder in seine Mitte gekommen ist. Was ich damit sagen will ist, dass man solche Dinge nicht zu eng sehen soll. Menschen erwarten oft viel zu viel von sich und machen sich unnötig Druck. Man ist hier auf der Erde, um

---

2 *Das Wort für Laune, aus meiner Muttersprache wörtlich übersetzt, heißt so etwas wie Einstellung, Einstimmung bzw. Einschwingung. Das gleiche Wort benutzt man auch im Zusammenhang mit Musikinstrumenten, die gestimmt werden. Das heißt, man könnte sagen, dass „miese" Laune so etwas wie eine Missstimmung ist, man ist also auf eine unharmonische Schwingung, Frequenz, Wellenlänge gestimmt.*

Erfahrungen zu machen, und die brauchen so ihre Zeit. Würde man alles auf Anhieb verstehen und durchschauen, wäre der ganze Spaß, hier Erfahrungen zu machen, auch schon vorbei. Du weißt doch aus eigener Erfahrung, dass es Situationen gibt, in denen du dich des Verstandes, der Erinnerungen und teilweise des Bewusstseins beraubt fühlst, aber du hast gelernt damit umzugehen und zu verstehen, dass so ein „begrenzter" Zustand für gewisse Erfahrungen notwendig ist. Es ist in jedem Moment, wie es ist, wie es die Situation erfordert.

...

Du hast aufgehört zu reden, also nehme ich an, du wartest auf eine neue Frage von mir.

Ich bin noch so mit dem vorherigen Text beschäftigt, dass ich keine Zeit habe, mir Fragen auszudenken, was komisch ist, weil ich doch normalerweise der Fragenmeister bin. Deine Erläuterungen sind aber so einleuchtend und im Augenblick sonnenklar, dass sich kaum neue Fragen ergeben.

Das ist ja schön oder? Einmal statt Fragen „Sonnenklarheit" zu haben. ☺

Ich nehme an, es ist kein Zufall, dass in diesem Moment

der Regen aufgehört hat und die Sonne kurz zwischen den Wolken durchgeschaut hat?

Was ist schon Zufall? Menschen erfinden Begriffe, benutzen sie und wissen später nicht mehr, was sie beinhalten, was sie eigentlich aussagen. Der „Zufall" will irgendetwas sein, was zufälligerweise geschieht. Einmal hier, dann dort und dann wieder da und dann wieder dort ... Viele wissen, dass nicht einmal ein Computerzufallsgenerator zufällig funktioniert. Er simuliert nur menschliche Vorstellungen vom Zufall, damit es so ausschaut, als handle es sich um Zufall, aber in Wirklichkeit folgt der Computer nur einem ausgeklügelten Programm, das festgelegten (von Menschen festgelegten) Definitionen folgt.

Was soll ein Zufall sein? Ein Zufallen? Jemandem fällt etwas „von nirgendwo", „plötzlich", also „nur" zufällig, zu? Oder heißt das Wort übersetzt: „Es ist irgendetwas geschehen und ich weiß nicht wie und warum, woher ... Weil nichts offensichtlich Sichtbares bzw. Greifbares, Erklärbares in der Nähe ist. Und so wie Sprache eben ist, passiert es mit der Zeit, dass man die ursprüngliche Bedeutung, den Inhalt des Wortes, vergisst, dass es zum Beispiel, wie in diesem Fall, mit Unwissenheit (es ist etwas passiert, aber ich weiß nicht warum und wie) gefüllt war/ist. Also sagt man heute in bestimmten

Situationen: „Das war/ist ein Zufall." Man sagt es gedankenlos dahin, weil man es eben so sagt, und als nächstes kommt es zu einem Phänomen, man beginnt zu glauben, dass es Zufälle, also ein plötzliches, unerklärliches Zufallen, wirklich gibt. Kaum einer denkt sich heute, wenn er über den Zufall spricht: „Okay, es scheint, als wäre mir etwas zugefallen, früher wusste ich nicht, wie es geschieht, aber heute, heute schaue ich es mir doch an, vielleicht wird diesmal für mich sichtbarer, was da geschieht/geschehen ist."

Der Mensch ist einfach ein „Gewohnheitstier", einmal gelernt, für immer gelernt, glaubt er oft. Für ihn ist es schwer zu verstehen, dass das, was er heute gelernt hat, nur ein Teil vom Ganzen ist. Nicht, dass ihm jemand den Rest vorenthalten würde, aber seinem augenblicklichen Zustand entsprechend ist er nicht fähig, weiter zu schauen, mehr zu verstehen, wahrzunehmen. Dieses momentane Verständnis dient zu nichts anderem als ihn zum nächsten und übernächsten Schritt, zu weiteren Entdeckungen zu führen. Kapselt der Mensch das bereits Gelernte als eine starre, festgelegte Erkenntnis oder sogar als unveränderbare Tatsache ab, blockiert er sich dadurch in seiner eigenen Weiterentwicklung und tritt auf der Stelle, bis irgendetwas passiert, was ihm hilft, das Ding oder sich selbst oder die Stelle, auf der er tritt, und den Grund, warum er tritt, anders anzuschauen.

Aber, wie schon gesagt, das alles ist nichts Sonderbares, es ist jedem Menschen grundsätzlich, in welcher Form auch immer, eigen und gehört zu den Erfahrungen, die er gewählt hat, um sich damit in seinem Leben auseinanderzusetzen. Aber darüber mehr beim nächsten Mal.

Muss & muss nicht

Hallo! Heute bin ich ein wenig traurig, ich weiß nicht, ob das ein optimaler Zustand für unser Gespräch ist.

Es ist der siebte Tag von meinem Fasten und obwohl ich bis jetzt durchschnittlich ein Kilogramm pro Tag abgenommen habe, hat sich von gestern auf heute die Waage um keinen Millimeter bewegt. Und noch dazu habe ich so einen seltsamen Traum gehabt, in dem ich einen köstlichen, fruchtigen Muffin gegessen habe, und nachdem ich das letzte Stück verdaut hatte, habe ich mich – im Traum – erinnert, dass ich doch faste und war ganz erschrocken. Aufgewacht bin ich sehr verwundert, weil ich doch gestern und die Tage davor wirklich außer Zitronenwasser nichts anderes zu mir genommen habe, und dann gab aber die Waage dem Traum Recht. Es schaut so aus, als hätte ich wirklich etwas gegessen, ohne es mitgekriegt zu haben oder als hätte ich den Fastenprozess abgebrochen. Was ist da passiert?

Guten Morgen, meine Liebe! Dies ist ein schwieriges Thema für dich, weil du dir daran schon seit Jahren die Zähne ausbeißt. Wundere dich nicht, wenn du traurig bist, das

Thema ist ja nicht leicht – sogar „schwerwiegend" ☺ – und hat Einfluss auf alle deine Lebensbereiche. Es geht grundsätzlich darum, sich von so einem scheinbaren „Misserfolg" nicht einschüchtern und entmutigen zu lassen und schon überhaupt nicht zu denken, dass man etwas falsch gemacht oder versagt hat. Das Fasten ist für dich in diesem Fall eine Möglichkeit, eine Hilfe, ein Instrument, um in reduziertem Rahmen gewissen Themen auf den Zahn zu fühlen.

Erwarte nicht viel von meinen Ratschlägen und vor allem erwarte nicht, dass du sofort, nachdem du erkannt hast, worum es geht, lernst, ganz locker mit dem Thema umzugehen oder dass es augenblicklich die Wirksamkeit verliert. Wir befinden uns in einem Jahrhundert, wo sich alle menschlichen Erfahrungen aus allen Zeiten verdichten, was bedeutet, dass viele von ihnen auf einmal wirken. Dadurch entsteht ein enormer Druck. Haben die Menschen in vergangenen Zeiten ihr ganzes Leben an einem Thema gearbeitet, so ist es heutzutage ganz anders. Man erfährt sich in Situationen, die mehrere Leben gleichzeitig widerspiegeln. Warum das so ist, dazu werden wir vielleicht in irgendeinem anderen Buch kommen.

Also, jetzt zurück zu deinem Problem – wobei ich es nicht als Problem, sondern als Thema sehe. Du selbst sagst doch, dass ein Problem dazu da ist, um gelöst zu werden. Nun, in diesem Fall geht es nicht darum, irgendetwas zu lösen – so wie es in den wenigsten Fällen darum geht. Die meisten Menschen (be)<u>mühen</u> sich vierundzwanzig Stunden am Tag, irgendetwas zu lösen, Lösungen, Auswege für ihre Probleme zu finden. Sie suchen dort, wo nichts zu finden ist, weil es, wie gesagt, um keine Probleme, sondern um Themen geht. Und die Themen sind dazu da, um sie zu erfahren, zu erleben, eventuell zu erkennen. Das ist das, was viele für dieses Leben gewählt haben; das Erleben und Erfahren. Hilft es dir jetzt ein wenig, dein „Problem" aus einem anderen Blickwinkel zu betrachten? Weißt du jetzt, wo der Wurm drinnen ist und warum du traurig bist?

Jetzt bin ich nachdenklich geworden. Ich kann mir vorstellen, dass ich traurig bin, weil ich die Lösung für ein Problem gesucht habe und das Gefühl hatte, sie noch immer nicht gefunden zu haben und mich dadurch unfähig und vielleicht irgendwo wie ein Versager fühle. Und jetzt, nach deiner Erläuterung, fühle ich mich erst recht bescheuert, dass ich jahrelang nach Lösungen gesucht habe, täglich nichts anderes getan habe als mir meinen Kopf zu zerbrechen, ob es besser so oder so ist, ob ich dies oder lieber das tun soll ... Kein Wunder, dass ich dabei eigentlich jedes Mal ins Leere greife. Wenn ich mir vorstelle, wie viel Zeit und Energie da draufgegangen ist … Wie viel Sich-Sorgen-Machen, wie viel Unglücklich-Sein, Deprimiert-Sein, Nicht-mehr-Wollen und was weiß ich noch was alles …

Aber ist es mit der Erfahrung nicht irgendwie dasselbe? In meinem konkreten Fall – denke ich da nicht auch in einer Schiene, denke ich da vielleicht auch umsonst, dass ich noch dies und das erfahren, erleben muss, weil …?

Aber natürlich! Das ist ja das ewige menschliche „Problem", zu glauben, man „<u>muss!</u>" irgendetwas! Das ist ja die „Illusion!", die „Irreführung!", die „Ablenkung!", die „Beschäftigung!". Nichts mehr und nichts weniger. Heureka! Jetzt haben wir es richtig am Schopf gepackt!

Der Mensch MUSS nämlich überhaupt NICHTS!

Ich weiß, es ist schwer für euch, das zu verstehen, aber wenn man soweit ist, wenn man verstanden hat, was dieser Satz überhaupt aussagt, wenn man ihn fühlen und erfahren kann, dann ist das die Befreiung schlechthin. Was will man noch suchen, lösen, erfahren, erleben, wenn man nicht „muss"?! Denkt mal nach …

Ja, ja, ich weiß, es fühlt sich plötzlich so an, als würde alles

Sich von Misserfolgen nicht entmutigen lassen

stehen bleiben, als fiele man in ein Loch, als hätte einem jemand den Teppich unter den Füßen weggezogen. Manchen bleibt vor Schreck sogar mitten im Satz der Mund offen und die, die ununterbrochen reden, werden plötzlich still. Warum? Weil dieser Satz das Gehirn/den Verstand außer Kraft setzt – und warum? Weil das Gehirn nichts anderes kennt, als dass es MUSS! Von Kindheit an wird man auf das Überleben hier auf diesem Planeten gedrillt. Vom ersten Tag an lernt man die Regeln für das scheinbare Überleben – warum? Weil es notwendig ist? Weil die Eltern und deren Eltern und wiederum deren Eltern es so gemacht haben? Oder weil das Gehirn vielleicht so programmiert ist?

Was passiert, wenn man nicht mehr „muss"? Was passiert, wenn der Verstand stehen bleibt und nicht weiter weiß? Ist das wie der Tod? Ist man verrückt geworden? Ist man dann ein Niemand? Kann man dann nicht mehr hier leben? Oder läuft man dann möglicherweise nur wie ferngesteuert, wie ein Irrer, durch die Gegend?

Für viele Menschen stellt alles, was sie nicht kennen, ein Problem, eine Überwindung dar. Obwohl es in diesem „Muss/Muss-nicht-Fall" nicht einmal stimmt, dass ihr es nicht kennt. Jetzt im Moment vielleicht nicht, weil ihr paff und schockiert, scheinbar ahnungslos seid, weil ihr euch nicht erinnert, weil noch die Brücke zu dem, was dann ist, wenn man nicht muss, fehlt …

Ich behaupte mal, wenn der Verstand „in die Stille" kommt, bedeutet es keinen Stillstand, kein Verrückt-Sein[3], kein Ausradiert-Sein, kein Blackout. Dieses Buch wird teilweise in Zuständen, in denen das Gehirn bzw. der Verstand in gewissem Maße ruhiggestellt ist, geschrieben. Sonst könnte man kaum oder nur sehr unklar über Themen schreiben, die noch nicht angeschaut, erkannt, erfahren wurden. Sonst würde man jedes Mal vor einer Wand, einer Mauer, einer Grenze stehen und nicht weiterkommen. Während du schreibst, nehme ich dich auf eine Reise mit, eine Reise, auf der du die notwendige Erfahrung für das Verstehen und Vermitteln des Themas machst und dein eigenes Thema dabei erlebst, so wie es auch manche Leser während des Lesens selbst machen können.

Klar bedeutet das „Ich muss nicht", dass etwas anderes her „muss" – aber was?

Was macht ein Mensch sofort, wenn sich so eine Frage auftut? Jawohl! Er beginnt wieder zu suchen. Aber wo sucht er

---

3 *Verrückt – von ver-rückt (wie rücken, schieben), also verschoben oder aus der Bahn geworfen, aus der Mitte, aus dem Gleichgewicht sein.*

denn? Das ist das Ausschlaggebende – wo er sucht. Er sucht meistens in der Datenbank seiner bisherigen Erfahrungen er geht für gewöhnlich seine gesamte Wissensbibliothek durch, die aber nur aus dem Vergangenen besteht. Es befinden sich von Fremden übernommene, mehr oder weniger überprüfte Informationen darunter, die man als sogenanntes „Wissen" abgespeichert hat oder auch eigene Schlüsse, die man aufgrund von bereits Erlebtem gezogen hat. Nur – worauf basiert solches Wissen, worauf basieren solche Überzeugungen? Wir haben es schon einmal gesagt – es basiert auf dem seit Kindestagen gewohnten Denken: „Ich muss dies und das tun", „das darf ich nicht tun", „das ist für mich gut und das nicht" – weil es einmal die Mutter, der Vater, Onkel, die Tante, Lehrer, Freunde, der Guru usw. gesagt haben. Alles Menschen, zu denen man aufgeschaut, denen man vertraut hat, von denen man dachte, sie wüssten Bescheid, sie wüssten mehr als man selbst. Und woher hatten diese Menschen ihre Informationen und ihr Wissen? Höchstwahrscheinlich auch aus der Vergangenheit. Die meisten Schlussfolgerungen scheinen also auf ICH MUSS und ICH DARF NICHT begründet zu sein. Das ist ein menschliches Programm, das sind die 0 und die 1. Die einfachste Struktur, die man aus der Computerbranche und der Softwareentwicklung kennt. 0 und 1, so ist die menschliche Datenbank gestaltet, 1 für „das ist okay", 0 für „das ist nicht okay".

Was sagt uns das? Was sagt uns dieses Schema? Wie sollen wir tiefgründige oder sogar wahrhaftige Antworten in einer Datenbank finden, die nur aus programmierten Nullen und Einsen besteht? Was, wenn sich die gesuchte Antwort außerhalb von 0 und 1, also außerhalb der Polarität (in der Mitte vielleicht), befindet? Und da bleibt logischerweise das Gehirn/der Verstand stehen. Ist ja klar, warum – oder?

…

Jetzt wird es ein wenig verwirrend, also kehren wir zum Thema zurück: Was ist zu machen oder wie ist es, wenn man nicht mehr MUSS?

Ich helfe hier ein wenig und sage noch dazu: Es bedeutet keinen Tod, es bedeutet keinen Stillstand, es bedeutet eher das Leben und Freude statt Mühsal. Also, was würdet ihr tun, wenn ihr weiter so bleibt, wie ihr seid, nichts Bahnbrechendes, nichts Verwirrendes oder Erstaunliches passiert – ihr „müsst" nur einfach nicht. Was tut ihr dann oder was tut ihr dann nicht?

Schon wieder ein Stillstand?

Lasst euch helfen! Vergesst euren Verstand, die Geschichten über Gehirn, Datenbank und über die 0 und 1. Vergesst

Sich von Misserfolgen nicht entmutigen lassen

Mutter, Vater, Onkel, Tante, Ehemänner, Lehrer, Freunde, Chefs, Gurus und was weiß ich wen noch. Ihr seid allein – nur nicht gleich in Panik verfallen – ihr seid nicht alleine auf dem ganzen Planeten, aber jetzt in diesem Moment seid ihr (in der Vorstellung) alleine und der ganze Verwandten- und Bekanntenkreis hat nichts zu sagen. Und ihr fühlt in euch hinein und schaut, was ihr gerne tun würdet, wenn es da absolut nichts gäbe, was ihr tun müsstet. Absolut nichts. Nicht aufräumen, kochen, nicht das Kind in den Kindergarten bringen oder schlafen legen oder ihm zu essen geben; nicht einmal in der Früh aufstehen und in die Arbeit gehen müsst ihr.

In diese Richtung bewegen wir uns und gehen noch einen Schritt weiter – man muss die Familie nicht besuchen, an keinen gemeinsamen Feiern teilnehmen, keine Pflicht- oder Höflichkeitstelefonate machen. Und nicht zu vergessen – jetzt kommt das ganz Schwierige – ihr müsst auch kein Geld verdienen und kein Dach über dem Kopf haben. (Nein, nein, nicht schon wieder in Panik geraten, ihr sollt es euch nur vorstellen, als wäre es so! Und werdet euch der Panik in euch bei der Vorstellung, dass man kein Dach über dem Kopf haben muss, bewusst. Panik bedeutet, dass das Gehirn oder das Programm „Alarm" schlagen, weil sie so eine Situation nicht kennen bzw. als negativ eingeordnet haben bzw. keine Antwort finden.)

Ich glaube, wir lassen es jetzt an dieser Stelle für heute sein und ihr könnt darüber nachdenken, was ihr tun würdet, wenn man nicht „muss". Als kleine Hilfe verrate ich euch etwas über meine Freundin, was sie tut, wenn sie nicht „muss" – sie schreibt einfach, z.B. dieses Buch bzw. sie lässt es entstehen, und so wie ich es sehe, ist es für sie sehr befriedigend und macht ihr ziemliche Freude, auch wenn sie es nicht immer gleich merkt, weil sie mit den beschriebenen Themen beschäftigt ist. Was sagst du, meine Liebe, habe ich Recht, dass dich dieses Schreiben erfüllt?

Du hast es genau getroffen, besser kann man es gar nicht sagen. Es macht mir unheimlich viel Spaß zuzuschauen, wie sich Themen entwickeln und wohin sie führen. Immer wieder, obwohl ich es mittlerweile ja schon kenne, staune ich, wohin uns so ein simples Anfangsthema, wie heute der Muffin aus meinem Traum, führen kann. Ich dachte, wir werden hier mein Privatleben zerpflücken und zum zigsten Mal meine Verhaltensmuster anschauen, aber nein, wir sind wirklich wieder einen Schritt weitergegangen und ich kann mir davon für mich selbst viel nehmen. Und sogar die Muffingeschichte erscheint gleich in einem anderen Licht. Ich danke dir sehr, bin wie immer wieder gerührt von deiner Führung durch das Gespräch und freue mich schon auf nächstes Mal. Danke!

Gewicht & Gewichtigkeit

Heute ist mein zehnter Fasttag und das, was ich zuletzt geschrieben habe, dass ich kein Gramm mehr abgenommen habe, scheint kein Zufall gewesen zu sein. Seit fünf Tagen kein einziges Deka mehr, das grenzt wirklich an ein Wunder und geht eigentlich nicht konform mit meiner fast zwanzigjährigen Fastenerfahrung. Ich muss zugeben, ich war die letzten Tage deswegen frustriert. Ich bin alles, wovon ich gedacht habe, es könnte den optimalen Energiefluss blockieren, durchgegangen und scheinbar hat sich auch einiges gelöst, ich habe Erleichterung gespürt, aber am Gewicht hat sich nichts verändert. Was ist da los?

Zuerst einmal muss man sich anschauen, was Gewicht überhaupt ist, um zu verstehen, worüber man sprechen will. Heutzutage wird das Wort „Gewicht" hauptsächlich auf der materiellen Ebene als Ausdruck von Schwere verwendet. Nur, wie du weißt, es hängt alles zusammen, alles ist miteinander verflochten und so etwas wie rein körperliches Gewicht existiert nicht. Man kann eher sagen, das Gewicht des Körpers stellt symbolisch auch das Gewicht auf anderen Ebenen dar und macht es für den Menschen sichtbar.

Der Körper alleine ist ein symbolisches Werkzeug, dessen Aufgabe ist es, Informationen zu liefern bzw. sie so zu übersetzen, dass der jeweilige Mensch sie verstehen kann. Wie könnte man es sich noch besser vorstellen?

Wenn beispielsweise ein Mensch eher die Sprache des Schmerzes und der Krankheit versteht, wird der Körper mit ihm höchstwahrscheinlich auch auf dieser Ebene kommunizieren. Das heißt nicht, dass der Mensch zwangsläufig Schmerzen haben und krank sein muss. Oh nein! Er kann kerngesund und schmerzfrei sein, solange er sich auf seinem Weg befindet, solange er das tut und denkt, was seins ist. Mit der Schmerzlosigkeit und Gesundheit signalisiert ihm der Körper, dass eigentlich alles im grünen Bereich ist. Klar kann es auch in diesem Fall ab und zu mal pieksen, zwicken, brennen und jucken – das sind Warnsignale, die einen informieren, wenn man sich in einem „brenzligen" Bereich befindet. Sie sind zum Beispiel als Unterstützung und Hinweis da, dass man besonders aufmerksam sein und vielleicht ein wenig langsamer, behutsamer schreiten soll. Aber mehr zum Körper als Werkzeug bzw. Wegweiser schreibst du doch in deinem Buch „Der Mensch und seine Heilung"[4], also wollen wir uns hiermit nicht detailliert beschäftigen. Was uns hier eher interessiert, ist noch immer das am

---

4 Das Buch „Der Mensch und seine Heilung – Das göttliche Puzzle"

Wer bestimmt die (Ge)Wichtigkeit?

Anfang angesprochene Gewicht. Ich frage dich mal, unabhängig von der Frustration, dass du entgegen deiner Erfahrung und Erwartung nicht abgenommen hast – wie fühlst du dich sonst? Gewichtig?

Gut, dass du es ansprichst, denn das ist ja die nächste seltsame Sache an diesem Fasten: Keine Mattheit, keine Schwäche, keine Kreislauf- oder Schlafprobleme, absolut kein Hunger und eigentlich auch kein Gusto, außer dass ich mich in Gedanken dauernd damit beschäftige, was ich alles kochen und backen werde, wenn ich wieder esse. Aber auch da merke ich einen Unterschied zu früher: Klar, Kochbücher habe ich bei jedem Fasten von vorn nach hinten und umgekehrt durchstöbert, aber es sprechen mich diesmal ganz andere Speisen an als sonst, es führt eher in Richtung des Experimentierens, es interessieren mich eher die verschiedenen Zubereitungsarten in der eigenen Küche, egal ob Gemüse, Teigwaren, Obst oder Fleisch.

Also, wenn ich richtig verstehe – gäbe es dieses „Problem" mit dem Gewicht nicht, würde es dir eigentlich ganz gut gehen?

Würde ich nicht in den Spiegel schauen, würde ich nicht hilflos und verzweifelt vor meinem Kleiderschrank stehen, würde ich nicht meine Hüften und Oberschenkel anschauen, dann wahrscheinlich ja. Die ersten Tage des Fastens haben mir geholfen, mich von einem ziemlichen Wulst an Energien zu befreien, die irgendwie an mir hingen, mich bedrückten und dazu führten, dass ich mich schon längere Zeit nicht wirklich als ich selbst gefühlt habe, aber jetzt geht es eigentlich, doch irgendetwas macht mich noch immer stutzig.

Stutzig macht dich die Tatsache, dass du aus Gewohnheit eine Ursache erwartest, die du selbst lösen musst, die du aber nicht siehst, und nun denkst du, es liege an dir. In vielen Fällen war es vielleicht so, aber diesmal auch? Ich möchte da noch nicht zu viel vorwegnehmen, weil dein „Dich-Erfahren" mit diesem Thema noch nicht abgeschlossen ist. Aber ich bin mir sicher, dass da noch einige Überraschungen auf dich warten und dass wir es uns noch einmal anschauen werden. Kehren wir jetzt aber zurück zum Thema Gewichtigkeit.

Wie schon angedeutet, habe ich – schlau, wie ich bin ☺[5] – das „Gewicht" kurzerhand in „Gewichtigkeit" umformuliert. Da schaut die ganze Sache schon anders aus und fast jedem wird klar sein, dass es sich hier nicht um eine rein materielle Ebene handelt. Aber worum dann?
Wer oder was ist gewichtig? Ein Thema, ein Ereignis, eine Person? Warum ist etwas oder jemand gewichtig?

---

5 ☺ – *dieses Zeichen heißt, dass mein geistiger Coach schmunzelt.*

Wer bestimmt die (Ge)Wichtigkeit?

Eigentlich, weil der Mensch einem gewissen Thema, einem Ereignis oder einer Person eine bestimmte Gewichtigkeit verleiht. Wer bestimmt also das Gewicht? Ja genau, der Mensch selbst. Er schaut irgendetwas an und aus einem bestimmten Grund druckt er halb bewusst der Geschichte einen Stempel mit einer Wichtigkeitsstufe auf. So kommen wir jetzt zu dem schon weniger greifbaren Begriff „wichtig" bzw. „Wichtigkeit". Irgendetwas für wichtig bzw. gewichtig oder weniger wichtig zu halten, da sind wir schon näher am Kern der Sache, da geht es schon um sichtbares Werten – eine Lieblingsbeschäftigung der Menschen, da sie es ununterbrochen tun.

Ja, der letzte Part ist mir klar und dass sich das eigene Denken irgendwie auf den Körper überträgt auch; das ist ja mein Problem, ich versuche doch seit Tagen herauszufinden, wo ich noch im Werten, Urteilen oder Ablehnen bin, aber ich kann seltsamerweise nichts greifen.

Warum denn wohl? Weil es im Moment nichts gibt. Zumindest nicht in der Richtung, in die du gewohnt bist zu schauen und zu denken. Wer oder was sagt, dass du noch abnehmen sollst oder dass du zuviel Gewicht hast? Dein Herz? Oder dein Kopf? Und wonach richtet sich dein Kopf? Nach der Vergangenheit. Wer sagt, dass es das, was in der

Vergangenheit noch Gültigkeit hatte, jetzt überhaupt noch gibt? Du hast dich ja als Mensch verändert und die Vergangenheit, so wie du sie gekannt hast und wie sie noch als Erinnerung in deinen Zellen abgespeichert ist – wieso sollte sich diese nicht verändert haben? Alles verändert sich kontinuierlich – darüber weißt du Bescheid – und alles heißt alles, ohne Ausnahme, Vergangenheit inklusive. Du versuchst in der Vergangenheit, so wie du sie gekannt hast, aus der Erinnerung heraus etwas zu lösen, zu erkennen – aber was ist, wenn es sie in dieser Form nicht mehr gibt? Verstehst du, warum du dort nichts findest? Und verstehst du jetzt auch, warum man sagt, Vergangenheit und Zukunft gibt es nicht, nur das Jetzt?

Ja, ich kann es im Ansatz fühlen, ich spüre, was du meinst, welche Richtung du meinst, aber ich bin noch nicht wirklich dorthin vorgedrungen, die Erkenntnis hat sich noch nicht gefestigt, weil es wahrscheinlich mit meinem eigenen Thema verhaftet ist, und ich kann es nicht ganz neutral sehen. Ich bin dabei zu überlegen, was es bedeutet, wenn es auf einmal die Vergangenheit, so wie ich sie kannte, nicht mehr gibt. Wie gibt es sie dann? Wie schaut sie jetzt aus? Irgendwie hat man dabei ein komisches Gefühl. Ich fühle mich, als würde ich „ohnmächtig" vor einer undurchdringlichen Wand stehen und könnte nicht weiter. Als hätten sich die Ereignisse ohne mein Zutun überschlagen. Meine Vergangenheit hat sich einfach verändert und ich weiß nichts davon. Man könnte sich fast verschaukelt vorkommen. Das ist wahrscheinlich das, was jetzt in mir hochkommt, was von der Erkenntnis, die du mir hier angeboten hast, ziemlich entfernt ist.

Das braucht ja Zeit. Die Information ist da, wenn auch nur im Gefühl, und sie wird sich zum richtigen Zeitpunkt so entfalten, dass du sie auch geistig verarbeiten kannst. Der primäre Zweck ist erfüllt, es wurde das an die Oberfläche gebracht, was der Verarbeitung der Erkenntnis im Weg stand. Ist doch toll, nicht?

Ja sicher – bzw. wahrscheinlich. Ich scheine heute ziemlich verwirrt zu sein, als würde ich auf der Leitung stehen. Ich kann nur weitere Fragen stellen, die wahrscheinlich schon vorhin beantwortet wurden, aber irgendwie habe ich den Zusammenhang entweder verpasst oder nicht verstanden: Was hat das alles mit dem Gewicht zu tun?

Die Menschen sind verschieden und machen dementsprechend verschiedene Erfahrungen. Ein Mensch lernt vom anderen, beobachtet ihn, urteilt, wertet und zieht daraus Schlüsse für sich selbst. Das heißt, er beobachtet sich selbst, wie er andere beobachtet, und beschließt aus dieser Beobachtung heraus, so und so zu sein oder nicht zu sein.

Stellen wir uns vor, es gibt einen Menschen, nehmen wir an „einen Vorstandsvorsitzenden" – das hört sich doch schon ziemlich gewichtig an oder? Und dann nehmen wir noch als Beispiel den Hans von nebenan, der weiß, dass sein Nachbar ein Vorstandsvorsitzender einer sehr großen, bekannten Firma ist. Was glaubst du, welche Schlüsse zieht Hans für sich, wenn seine Prioritäten unbewusst woanders liegen und Geldverdienen oder Karriere für ihn scheinbar nicht so im Vordergrund stehen, sondern zum Beispiel die Familie? Glaubst du, fühlt sich der Hans sehr wichtig/gewichtig, wenn er jeden Tag in der Früh von seinem Küchenfenster aus beobachtet, wie sein Nachbar im polierten, nagelneuen Schlitten das exklusive Anwesen verlässt? Wahrscheinlich nicht. Er fühlt sich möglicherweise klein und unwichtig – die Welt könnte auch ohne ihn problemlos weiter funktionieren. Doch ohne den Vorsitzenden? ... Aber!!!

Der Hans hat zu Hause eine zufriedene Familie, die zu ihm aufschaut und die sich ein Leben ohne ihn nicht vorstellen kann ... Und der Vorsitzende? Die Familie kann ohne ihn leicht auskommen (außer ohne sein Geld – wenn wir beim Klischee bleiben), tut das ohnehin schon seit Jahren, weil er, sagen wir mal, außer Karriere nichts anderes im Sinn hat. Was geht daraus hervor? Zwei verschiedene Welten,

Wer bestimmt die (Ge)Wichtigkeit?

zwei verschiedene Gewichtigkeiten. In einer Welt ist der eine wichtig, in einer anderen kann man ganz gut auf ihn verzichten. Der andere tritt in der einen Welt kaum in Erscheinung, in der anderen ist er aber total wichtig, sichtbar, geliebt ...

Was will ich damit sagen?

Kein Mensch ist mehr oder weniger wichtig. Es scheint nur so, wenn man nur eine Welt, eine Ebene, getrennt von den anderen betrachtet. Menschen wissen das unbewusst. Deswegen gibt es auch solche, die auf einer Ebene besonders wichtig sind/sein wollen und die – um diesen Status, diese Position, zu behalten und sich darin „baden" zu können – mit allen Mitteln versuchen, andere (die außerhalb stehen) auch in diese Welt runterzuziehen. Man braucht Menschen, die klein oder unwichtig gemacht werden, damit ein anderer groß und wichtig erscheint. Eine ausgefeilte Methode, den anderen vorzugaukeln, dass es nur diese eine Ebene gibt und dass sie die wichtigste, die einzig wahre ist. Der „Möchte-gern-wichtig-Mensch" fühlt unbewusst, dass einige dort, wo er „zu Hause" ist, automatisch schwach werden, weil es nicht ihre Welt ist. Deswegen fällt es ihm leicht, wenn er sich mit solchen „schwachen" Menschen umgibt, sich als Könner und wichtig fühlt. Es ist ungefähr so, als würde ein Affe einem Elefanten einreden, dass er kein richtiges Tier ist, weil er nicht auf Bäume klettern kann. Der Affe klettert dabei auf einen Baum, schaut runter zum Elefanten und schlägt sich dabei heroisch und siegessicher auf die Brust, voller Überzeugung, nun sei bewiesen, wer der Dschungelkönig ist. Und der Elefant steht unten, schaut rauf zum Affen und glaubt, es ist tatsächlich wahr, weil er eben nicht auf Bäume klettern kann und es auch nie können wird. So legt sich der Elefant traurig eine dicke Haut zu und lässt demütig den Affen auf seinem Rücken tanzen.

Nun frage ich dich – warum willst du überhaupt an Gewicht verlieren, wenn es, wie du siehst, vom Körper her nicht zwingend notwendig ist? Wenn du dich mit dem Gewicht beschäftigst, egal auf welcher Ebene, auch wenn es nur Kilos sind, beschäftigst du dich automatisch mit dem Thema im Allgemeinen. Und warum beschäftigst du dich mit dem Thema, das eindeutig ein Thema der Illusion ist? Gewichtig, weniger gewichtig – das sind alles Wertungen, abgespaltene Teile von ein und demselben. Warum sich nicht herausheben und schauen, was passiert?

Ich wünsche dir, wie immer, eine schöne Zeit beim Nacharbeiten und Nachgrübeln sowie beim Nachspüren.

Grenzerfahrung

Und schon wieder sitze ich vorm Computer und bin für ein Gespräch mit dir bereit. Ich muss dazu sagen, dass ich heute nicht einmal im Ansatz eine Ahnung habe, was ich fragen, wo ich anfangen soll oder in welche Richtung sich das Gespräch bewegen wird. Nicht, dass ich es sonst immer weiß, aber bis jetzt hatte ich zumindest mein eigenes Thema, das mich beschäftigte. Dies ist heute nicht der Fall, obwohl ich weiß, dass da sicher irgendwo ein Thema ist. Also, womit beschäftigen wir uns heute?

Meine Liebe, es freut mich, mich wieder auf diesem Wege mit dir austauschen zu können. Du hast Recht, heute wird es ein wenig anders, heute werde ich die Fragen stellen. Es ist ein kleines „Experiment" – wie du immer sagst, wenn du nicht ahnst, in welche Richtung es gehen soll.
Wir sind gerade an einem Punkt angelangt, wo es sinnvoll ist, einfach nur zuzuhören, zu lauschen und die Gedankenwelt beiseite zu lassen. Denn was ich heute erzählen will, hat nichts mit dem sogenannten Denken, sondern mit Fühlen zu tun. Also – fühl´ mal in dich hinein und versuch´ zu beschreiben, was du empfindest.

Was ich fühle, hm ... gute Frage. Du weißt, dass ich noch immer wegen meines Gewichts verwirrt bin, weil sich noch keine Gewichtsabnahme zeigt.

Das fühlst du? Oder ist es die Verwirrung im Kopf, ein Gedanke, vom Verstand aus? Fühl´ bitte noch einmal nach und sag´ mir, was du in dir fühlst.

Jetzt bin ich gerade ein wenig genervt, weil ich mir wie in der Schule vorkomme, wo ich aufpassen muss, dass ich die richtige Antwort – wobei richtig ist, was der Lehrer hören will – gebe. Ich muss zuerst erahnen, was der Lehrer hören möchte, damit ich ihm die „richtige" Antwort geben kann. Und obwohl ich weiß, dass das bei dir nicht der Fall ist, schaltet sich trotzdem in mir irgendetwas ein, das mich so denken lässt.

Und schon wieder sind wir beim Denken. Also noch ein Versuch ...

Okay, wenn ich mich davon nicht verwirren, nicht ablenken lasse, was fühle ich dann ...?

Ich denke – schon wieder das Denken! ... egal, ich denke, irgendwie fühle ich Ruhe und Frieden, weil es mir eigentlich ganz gut geht, aber irgendwie verunsichert es mich auch, weil ...

Stopp! Kein „weil"! „Weil" heißt, du gehst in Erklärungen, also ins Denken, über.

Wenn ich zusammenfasse – du fühlst dich einerseits ruhig und friedlich und „ganz" gut und anderseits verunsichert. Ist da noch etwas?

Ja, ich fühle Dankbarkeit dir gegenüber und für diese Gespräche – wenn ich nicht gerade genervt und unglücklich bin, weil (schon wieder ein „weil") ich das Gefühl habe, dass ich nicht „erwischen" kann, was du meinst ...

Und irgendwie fühle ich auch Zufriedenheit, Zufriedenheit mit dem, was ich gerade tue, doch dann auch wieder Unsicherheit und Zweifel, wenn ich darüber nachdenke (ja, ich weiß, schon wieder das Denken), ob man so leben darf, wie ich gerade lebe.

Du hast es gerade gesagt – Unsicherheit und Zweifel fühlst du dann, wenn du denkst ...

... ansonsten wärst du wahrscheinlich zufrieden. Kann das sein?

Wahrscheinlich ...

Okay, genug mit der Quälerei. Was ich damit sagen oder zeigen wollte, ist, dass sich Fühlen und Denken bei den Menschen ununterbrochen miteinander vermischen und voneinander abhängig sind. Man kann auch sagen, so wie du denkst, so fühlst du dich, obwohl es nicht ganz wahr ist. Du hast gerade gesehen, dass, wenn man seinen eigenen Gefühlen gegenüber aufmerksamer wird und sich von den Gedanken nicht verführen lässt, unter dem Ganzen einigermaßen stabile Gefühle sind – in deinem Fall heute Zufriedenheit und Ruhe. Man ist sich solcher harmonischen Empfindungen nur selten – wenn überhaupt – bewusst, weil sie von Gefühlen, die sich sozusagen "gehören", überlagert werden, so seltsam das auch klingen mag.

Wie soll man das verstehen?

Es ist ganz einfach. Wir haben schon kurz im vorigen Kapitel darüber gesprochen. Als Mensch haben wir Erfahrungswerte aufgrund unserer Vergangenheit, dann haben wir das sogenannte Allgemeinwissen und dann haben wir noch ein paar Gesetze bzw. sogar Gesetzmäßigkeiten, wie zum Beispiel physikalische Gesetze. Und diese besagen – auf deinen Fastenfall umgemünzt: Wenn man keine Nahrung aufnimmt, dann führt das automatisch zu Gewichts- und Substanzverlust, weil der Energieverbrauch doch durch eine entsprechende Energiezufuhr ersetzt bzw. ausgeglichen werden muss. Und deine Erfahrungen haben dir das bis jetzt auch bestätigt, obwohl du selbst weißt, dass bei deinem letzten Fasten der Gewichtsverlust schon viel geringer war als früher.

Also, du „weißt" wie es funktioniert bzw. funktionieren soll, und dein Energiesystem weiß, was sich gehört, wenn irgendetwas aus dem Rahmen fällt bzw. nicht so funktioniert, wie es soll. Das System schlägt Alarm, in deinem Fall in Form von Verunsicherung, Zweifel und Verwirrung. Das sind natürliche Reaktionen, die sich deinem System nach „gehören", obwohl – und da kommen wir zu einem anderen Wissen von dir – du selbst schon IRGENDWIE weißt, dass es Menschen gibt, die auch ohne physische Nahrung auskommen. Obwohl du weißt – und nicht nur aus deiner persönlichen Begegnung mit solchen Menschen, sondern auch in deinem tiefsten Inneren – , dass dies möglichst ist, schlägt trotzdem etwas in dir Alarm. Warum? Weil es sich gehört! Aber wann gehört es sich? Dann, wenn man selbst nicht glauben kann, dass man auch zu solchen Menschen gehören kann – als wäre dies nur ein Phänomen von bestimmten Auserwählten. Irgendetwas in dir will vielleicht sogar verunsichert sein. Warum? ... Weil man zum Beispiel glaubt, dass immer gute Laune zu haben langweilig sein könnte oder dass es aus dem Rahmen des NORMALEN fällt. Es ist doch nicht „normal!", immer gut gelaunt zu sein, immer an sich zu glauben, davon überzeugt zu sein, was man tut und noch dazu Spaß an dem Ganzen zu haben. Seit der Kindheit lernst du: „Das gehört sich nicht!" Seit der Kindheit lernst du: „Ohne Fleiß kein Preis!", „Geld muss man sich verdienen!", „Das Leben ist keine Spielwiese!", „Erst in der Pension darf man sich ausruhen – wenn überhaupt!" usw., usw.

Ja gut, aber das alles kenne ich schon und ich dachte, ich hätte diese Themen bereits aufgearbeitet. Wieso spiele ich dann noch immer mit mir dieses Versteckspiel?

Eines darfst du nicht vergessen, meine Liebe: Dein Körper besteht aus Milliarden von Zellen und manche haben so etwas wie ein Eigenleben. Sie tragen noch die alte Information in sich, weil die neue noch nicht zu ihnen vorgedrungen ist. Deswegen sagt man auch, dass sich das Leben auf und ab bewegt. Einmal ist man oben, hat irgendetwas erkannt, eine gewisse Klarheit gewonnen, und schon geht es wieder nach unten in die Tiefe, dorthin, wo diese neu gewonnene Erkenntnis gebraucht wird. Und was ist unten? Genau – das Alte und schon längst Überholte. Der Schlamm der Vergangenheit, der sich dort abgelagert hat, weil man sich damals nicht damit zu helfen wusste. Toll also, dass man diesmal soweit ist und weiß, was damit zu tun ist. Wäre das nicht der Fall, wäre man noch nicht soweit, würde es nicht an die Oberfläche kommen. Einfach gesagt, aber schwer getan. Ich weiß, ich weiß ... aber so ist es halt, das menschliche Leben.

Und was für eine Erfahrung mache ich jetzt gerade?

Na ja, dein System macht gerade die Erfahrung jenseits der physikalischen Gesetze, obwohl es nicht ganz stimmt. Es scheint nur so, weil die Formel oder der Satz – Energieverbrauch müsse durch neue Energie ersetzt werden – ja einigermaßen stimmt, man darf sich nur nicht von der Offensichtlichkeit verwirren lassen.

Du und dein Körper geben andauernd Energie ab und ihr bekommt auch unendlich viel Energie zurück, nur nicht allein in Form von materieller Nahrung. An deinem Befinden kannst du es erkennen – es scheint dir an nichts zu fehlen, oder?

Rein körperlich gesehen nicht. Nur der Spaß am Essen, am Essen zubereiten und Schmecken, das geht mir ab. Ansonsten, wie man sieht, kann ich schreiben, gehen, laufen, Rad fahren, tanzen und was weiß ich noch alles. Alles echt im grünen Bereich.

Das heißt, wir können sagen, du machst gänzlich neue Erfahrungen am eigenen Leib – diesmal wortwörtlich – und es tut nicht einmal weh, was bei dir auch noch als neue Erfahrung dazukommt, weil du viele Bewusstseinsschritte mit Hilfe von Schmerzsignalen machst. Also, wie du siehst, es geht auch ohne und das muss sich jetzt bei dir, bei deinen Zellen, durchsprechen.

Ist das, was ich gerade durchlebe, eine Grenzerfahrung?

Fühlt es sich für dich wie eine Grenzerfahrung an?

Nein, überhaupt nicht. Ich fühle mich gut und alles ist eigentlich locker. Da gab es schon andere Dinge in meinem Leben, die mehr einer Grenzerfahrung glichen.

Ja genau. Und es ist auch deswegen so, weil du diesmal nur das erlebst, was du schon wusstest. Also, du gewinnst nicht wirklich neues Wissen, außer der Tatsache oder Erfahrung, dass auch bei dir das funktioniert, was du nur bei den Auserwählten vermutet hast. Aber das hast du ohnehin schon gewusst.
Als Grenzerfahrung empfindest du solche Ereignisse, wo du noch keinen Zugang zum Wissen bzw. zur Erinnerung hast und im alten Denken, im gewöhnlichen Denksystem,

gefangen bist. Dann begegnest du Situationen, die eben zuerst automatisch Angst hervorrufen, weil sie unbekannt sind, und du weißt dir keinen Rat. Man fühlt sich in solchen Momenten hilflos, ausgeliefert und ohnmächtig. Aber diese Gefühle basieren wiederum auf einer Illusion, weil – wie du weißt – man nie wirklich hilflos, ausgeliefert bzw. ohne Macht ist. Es begegnet einem immer nur das, was man gerade braucht, wofür man schon bereit/soweit ist und wozu man bereits alle Mittel zur Verfügung hat, um es zu „bewerkstelligen". Man braucht eigentlich nichts anderes zu tun als zu erfahren. Und Grenzerfahrung ist gar kein verkehrter Begriff, weil – wenn einmal die Situation überstanden ist ☺, also erlebt, erfahren wurde, erweitern sich die eigenen Grenzen, also das Bewusstsein, unermesslich.

So viel für heute. Wie fühlst du dich?

Danke, gut. Bin schon wieder erstaunt, wohin das heute geführt hat und wie leicht es „von der Feder", also von den „Fingern" in die Tasten floss. Danke!

Sprache

Hallo, wie geht es dir heute?

Danke für die Frage, ich dachte schon, mich fragt keiner mehr ☺ … Die Menschen denken, dass wir kein Befinden mehr haben, und das stimmt nicht. Es geht mir gut, sogar ausgezeichnet, sonst würde ich hier nicht so ruhig sitzen und mit dir plauschen ☺ …

Du sitzt neben mir???

Ja, so kann man es nennen. Ich bin ja kein Geist! ☺

Aha?! Und was bist du?

Was für eine Frage, als würdest du es nicht wissen – ich bin doch ICH! ☺

Uhm …

Jetzt hast du mich gänzlich aus dem Konzept gebracht und jetzt weiß ich wieder nicht, wo ich heute anfangen soll …

Konzept ...?

Uhm ...

Was für ein Konzept meinst du?

Ich weiß nicht ... sagt man nicht so?

Du sprichst noch so, wie man es sagt ...?

Wie es scheint ... wahrscheinlich ... bzw. hast du es mir gerade aufgezeigt – danke.

War's das schon – die heutige Lektion? So kurz? Kann ich jetzt den Computer wieder einpacken und nachdenken gehen?

Ach was, kennst du uns nicht? Hast du nicht bemerkt, dass wir fast immer die gleiche Anzahl an Seiten schreiben?

Ja, aber so wie ich dich kenne – sobald ich mich an irgendetwas gewöhnt habe, gibt es gleich eine Änderung.

Na siehst du, dann ist halt dies die Änderung, dass es diesmal keine Änderung gibt, weil du dich an die Änderungen schon gewöhnt hast. Macht der Satz für dich noch Sinn?

Ich glaube schon … War das so etwas wie eine Aufwärmübung?

Wenn du es unbedingt benennen willst …

Es scheint … heute üben wir uns in kurzen Sätzen …

Warte ab …

Ich komme mir wie in einem Chatroom vor …

Jetzt hast du mich erwischt … dort habe ich es mir abgeschaut … ☺ … selbstverständlich nicht!

Aber ich glaube, die letzten zwei Tage waren für dich anstrengend genug, um gleich drauf loszulegen. Ich glaube, so ein bisschen Smalltalk tut dir gut – oder?

Wenn ich nicht gleich wieder verwirrt wäre (weil schon an die klugen Sätze und die Ernsthaftigkeit gewöhnt …), dann wahrscheinlich schon.

Also kann man sagen, dass du dich verwirrt fühlst?

Ich weiß nicht, ob ich mich so fühle. Würde ich ohne nachzudenken antworten, dann würde ich höchstwahrscheinlich sagen: „Ich bin verwirrt" – aber bin ich das? Ich bin doch ich oder? Oder bin ich jetzt gerade ein verwirrtes ICH?

Wenn, dann würde ich das verwirrte „Ich" statt mit Kapitälchen klein schreiben, weil das, was verwirrt ist, nicht das EINE, das „ICH", sein kann. Und ich würde mir gerne die Schreibform „ICH" für das EINE vorbehalten. Die Sprache ist in dieser Hinsicht so und so schon begrenzt, man will ja nicht unnötig weitere Verwirrungen und Missverständnisse entstehen lassen.

Ich finde es passend, das Verwirrte mit Kleinbuchstaben zu schreiben, weil das Verwirrte eigentlich immer klein ist, auch wenn es vielleicht in manchen Augenblicken als groß erscheint. Aber was ist schon klein und was ist schon groß – alles ist relativ. Deswegen sage ich auch, wir werden das EINE – nicht das Große – mit KAPITÄLCHEN und nicht mit Großbuchstaben schreiben. So sind wir abseits des Wertens und können uns ein wenig freuen, dass uns die Sprache diesmal so einen Trick ermöglicht hat.

Ich hoffe, auch die Leser merken aufgrund dieser Beispiele, wie wichtig es ist, nicht nur so dahinzusprechen, sondern die Sprache bewusst zu benutzen, weil … ich verrate hier ein Geheimnis … in scheinbar ein und derselben Sprache gibt es zweierlei Worte bzw. Ausdrücke, fast so, als würde es sich um zwei Sprachen handeln, die man in einen Topf geworfen hat. Die eine ist verleitend, das heißt irreführend, bringt uns von dem Punkt, um den es geht, eher weg, und die andere ist so, dass sie uns der Wahrheit näherbringt bzw. bringen kann.

Das menschliche Problem ist, dass man sich durch das unbewusste Benutzen der Worte bzw. das übliche Geplänkel oder durch das mit „klugen" Worten um sich Schmeißen selbst verleitet. Mancher Mensch tendiert dazu, alles, was in Worte verpackt ist und mit genügend starkem Ausdruck/Nachdruck gesagt wird, zu glauben. Das heißt, auch wenn einer am Anfang weiß, dass er nur so dahinredet, wichtigtut – weil es erwartet wird, weil es sich gehört oder weil er gerade seinen Arsch retten will – er hört sich dabei selbst zu, ob er sich dessen bewusst ist oder nicht und langsam beginnt er es selbst zu glauben. Zwar staunt er manchmal, was da so alles aus seinem Mund herauskommt, aber ... um sich eben selbst nicht als Lügner oder Wichtigtuer zu fühlen, beginnt er lieber damit, an die Wahrhaftigkeit seiner Aussagen zu glauben. Mancher „Spezialist" ist oft sogar bereit, seinen Kopf für sein Wort hinzuhalten. Man stelle sich das einmal vor: Für ein anfängliches „Alibiargument" ist man später sogar bereit, die Hand ins Feuer zu legen.

Sprache

Bitte, Leute, beobachtet, was manchmal so aus eurem Mund kommt und riecht vielleicht einmal daran, ob es nicht ein wenig faul ist. Wie meine Freundin hier aus eigener Erfahrung berichten kann, gibt es Worte bzw. Ausdrucksweisen, die für sensible Menschen regelrecht stinken. Nein, Mundgeruch hat nicht immer nur mit kaputten Zähnen oder verdorbenem Magen zu tun, obwohl die Zähne und der Magen als Folge von unüberlegter bzw. „stinkender" Sprache schon sehr unangenehme Folgen davontragen können, weil ... jemand, der um jeden Preis den Leuten seine „Hirngespinste" glaubhaft machen will, muss mehr als nur die Zähne zusammenbeißen. Der Magen zieht sich zusammen, das Unverdauliche bleibt hängen, fault und sucht sich einen Weg nach draußen. Der Mensch, der solche „faulen" Worte von sich gibt, spürt sich selbst kaum mehr, ist wie ausgeschaltet, blockiert oder ferngesteuert. Sonst könnte er doch nicht glaubhaft wirken, seine eigenen Zweifel über das Gesagte wären für andere sichtbar. Anschließend muss er selbst, ob er möchte oder nicht, an dem kauen, was er verkündet hat, und das eigentlich Unverdauliche – weil Hirngespinst – irgendwie verdauen. Solch ein „gehirnloser" Prozess schlägt sich im Allgemeinen auf die Ohren, die Zähne, den Magen und sonst noch was.

Das kann ich wirklich bestätigen. Also am Anfang, als meine

Nase angefangen hat, solche feinstofflichen Energien wahrzunehmen, wusste ich nicht, was los ist und wo ich mit meiner Nase hinsoll. Es war erschreckend oder es ist erschreckend, wie viele Menschen „faule Eier" reden.

… und wie viele dabei glauben, sie sprechen etwas Wichtiges …

Da wären wir schon wieder beim Thema „Wichtig" vom letzten Mal …

Ja … ?

Na ja, du hast es schon erwähnt, scheinbar hat das letzte Thema intensiver auf mich gewirkt als gedacht.

Ach ja? Du hast dir etwas gedacht?

Nein, eigentlich nicht. Schon wieder erwischt. Schon wieder habe ich es nur so dahingesagt …

Unglaublich, nicht? Diese Gewohnheiten …

Ja, überhaupt wenn man bedenkt, dass die deutsche Sprache gar nicht meine Muttersprache ist und ich mir denke, dass ich sie dadurch bewusster benutze statt nur so zu reden, wie mir der Schnabel gewachsen ist.

Es stimmt schon, das mit dem bewussteren Benutzen der Sprache. Nur trotzdem hast du am Anfang, als du in der Sprache noch unsicher warst, bemerkt und gelernt, wie sich die Menschen austauschen und was sozusagen „zieht". Und was kommt zwischenmenschlich an? Das Geplänkel. Nichtssagende Worte, die niemandem gefährlich sein können, mit denen man niemandem auf den Schlips treten kann, die keiner falsch auslegen kann. Worte, die uns ermöglichen, stundenlang über Belangloses, über nichts zu reden und wobei man trotzdem das Gefühl hat, dass man sich unterhält, kommuniziert, also nicht alleine ist. Manche Menschen würden sogar sagen: „Gott segne diese Worte" oder „Gott sei Dank gibt es sie, wo würden wir denn hinkommen, würden wir vierundzwanzig Stunden am Tag nur über das Wichtige oder über das Eine reden?!"

Das ist ein interessanter Ansatz. Wo würden die Menschen wohl hinkommen, würden sie vierundzwanzig Stunden am Tag nur über das Eine sprechen?

Das lassen wir jetzt mal offen, jeder kann für sich eine Weile darüber nachdenken und versuchen, seine eigene Antwort zu finden. Damit wären wir für heute fertig, ich hoffe, es war heute weniger anstrengend für dich, und da es gerade dein letzter Fasttag ist, hast du sicherlich noch einiges vor.

Ja, aber nichts Weltbewegendes, glaube ich zumindest. Auf jeden Fall war es heute lustiger[6] *und entspannter für mich, weil es Themen waren, mit denen ich mich schon beschäftigt habe. Danke!*

Gern geschehen.

---

6 Am Abend dieses Tages habe ich erfahren, dass es der internationale Tag des Lachens war. Vielleicht hat mein Coach deswegen diesmal mit solchem Schmunzeln gesprochen – wer weiß.

Träumen

Guten Morgen! Heute melde ich mich ungewöhnlich früh. Draußen ist ein wunderschöner Tag und die optimistischen Strahlen des heutigen Tages haben mich nicht weiterschlafen lassen, obwohl ich tief in meinem Traumgeschehen versunken war.

Ich wünsche dir auch einen wunderschönen guten Morgen. Ja, die Träume haben es manchmal so in sich. Sie können uns beflügeln, aber sie können uns auch an den Rand eines tiefen Abgrundes bringen, um uns dabei zu helfen, zu erkennen, was sich so anbahnt, bevor es „zu spät ist"[7]. Sie sind – genauso wie alles andere – führende, aber auch verleitende Symbole unseres gespaltenen und ungespaltenen Selbst. Die Qualität der Träume ist es, die uns verrät, aus welcher Ecke die Botschaft kommt. Es kann sich um einen WAHRHAFTIGEN Impuls handeln oder es wird „nur" der Grad der Verwirrung, die gerade unter der Oberfläche herrscht, aufgezeigt. Deswegen ist es sehr schwierig, wenn manche Menschen jeden einzelnen Traum zu zer-

---

7 Anführungszeichen weil – wenn immer alles zu optimalem Zeitpunkt passiert und alles einen Sinn hat, kann es nie zu spät sein.

pflücken und zu deuten versuchen. Sie ahnen eine „fremde", symbolhafte Sprache hinter dem Traumgeschehen, die man speziell übersetzen muss, und dabei ist es so einfach – jeder einzelne träumt „seinen" Traum in seiner eigenen Sprache. Die Symbolik der eigenen Träume ist so („angepasst"), wie der Träumende es braucht, damit er fähig ist, die Botschaft zu entschlüsseln. Man kann auch sagen, die Traumsprache ist optimal auf den Träumenden getunt. Manchmal ist der Träumende aber trotz der „Optimalisierung" verwirrt. Egal, wie sehr er sich auch bemüht, es scheint, dass er die Botschaft nicht empfangen, nicht verstehen kann. Man kann sich aber sicher sein, dass jeder Traum seinen Zweck erfüllt, ob es einem bewusst ist oder nicht, denn ... Träume sind nicht nur dazu da, dass man im bewussten Zustand über sie nachdenkt. Sie helfen vor allem dabei, Dinge anzuschauen und Situationen zu begegnen, für die man im Tagesbewusstsein noch nicht soweit ist. Die Begegnung auf der Traumebene kann auch als Brücke, als eine Vorbereitung für den Schritt ins Bewusstsein, dienen. Genauso hilft einem die Traumebene, um sich beispielsweise gestauter Gefühle bewusst zu werden und ihnen in einer Traumsituation freien Lauf zu lassen. Man schafft also ein Ventil für etwas, was man sich im „wahren" Leben aus verschiedenen Gründen (Moral, Erziehung, Selbstschutz usw.) nicht trauen würde.

Deine Träume, meine Liebe, sind verschiedenster Art. Sie erfüllen den Zweck, dich auf weitere Aufgaben vorzubereiten, von denen du noch nicht einmal zu träumen gewagt hast ☺ (so sagt man das bei euch oder?) – und dann ist es nur logisch, dass du sie zuerst träumen musst, damit sie zu dir durchdringen und dich langsam – bei dir mit besonderer Betonung auf „langsam" – vorbereiten (deinen Geist, dein Wesen ...), damit du nicht überrollt wirst, damit du nicht auf Widerstand schaltest, denn so ist die menschliche Natur: Alles, was man nicht kennt, stößt aus Selbstschutz auf Skepsis, Widerstand und Ablehnung, was aus rein menschlicher Sicht betrachtet gar nicht so verkehrt ist, wie man sich denken könnte, da man mancherorts zu wissen glaubt, dass man eigentlich nichts Neues erfahren kann[8]. Alles soll immer da gewesen sein. Nach Ansicht mancher Philosophien geht es nur darum, sich zu erinnern, und von solch einem Blickwinkel aus betrachtet scheint die Skepsis gegenüber allem Unbekannten wirklich berechtigt zu sein – besonders in diesem Universum, wo es von Verleitungen, Verführungen und Ablenkungen nur so wimmelt ... Diese Überzeugung suggeriert, dass alles Wahre, alles was von der

---

8 *Hier bezieht sich mein Gesprächspartner auf manche spirituelle, religiöse, esoterische Theorien, welche meinen, dass alles von Anfang bis zum Ende festgelegt ist und man sich deswegen nur an das zu erinnern braucht, was man einst wußte, was man einst war, bevor man es vergessen hat.*

einen Quelle kommt, die schon immer da war, irgendwann in einem selbst einen Aha-Effekt hervorrufen wird, aber …!

Auf eine Vielzahl von Erinnerungen trifft das möglicherweise zu, aber …!

Ich spüre, jetzt bin ich an der Reihe. Wahrscheinlich soll ich jetzt über das „aber …!" nachdenken?

Ja, genau. Fühle in dich und schau was passiert, wenn du eine neue Information in dich einspeist, ob es vielleicht Dinge gibt, an die du dich nicht erinnern kannst, weil …!

Ja, ein Teil wartet gespannt, wie es weitergeht, ein anderer beginnt verunsichert zu sein und hat Angst, überhaupt in die Richtung zu schauen, weil er dort eine Falle, eine Verführung, Verwicklung ahnt. Wahrscheinlich der Teil von mir, der glaubt, sich auf der Suche nach neuen Möglichkeiten schon so einige Male die Finger verbrannt zu haben. Das Gesamtgefühl ist jedenfalls diese seltsame Gespaltenheit – Neugier und Angst gleichzeitig. Ich sehe meine Mutter, wie sie mir auf die Finger klopft, während ich eine heiße Platte berühren will. Ich höre eine strenge Stimme, die mir sagt: „Lass die Finger davon!"

Genau! Genau das ist es, was euch Menschen zu schaffen

macht. Wie würde man da weiterkommen, wie könnte man sich mit Dingen auseinandersetzen, die es noch nie gab bzw. an die man sich nicht erinnern kann, gäbe es die Träume nicht?

Klar wirkt bei so manchen der Widerstand gegenüber allem Unbekannten und Neuen auch auf der Traumebene. Nur hat dieser (der Widerstand) mehrere Ebenen und auf einer herrscht immer das Vertrauen gegenüber ALLEM, WAS IST. Auf dieser Ebene ist alles klar. Die Frage ist nur, wie weit der Mensch selbst von dieser Ebene entfernt ist und wie lange es dauert, bis sich eine bestimmte Information durch die vielen Schichten des Traumes und Bewusstseins zu „ihm" (Anführungszeichen, weil er eigentlich alles ist, alle Ebenen) durcharbeitet.

Als Mensch kann er sich dann entspannen und Vertrauen aufbauen, wenn eine Brücke zwischen der ALLES-WAS-IST-Ebene und der „seinen" – also der aktuellen, menschlichen – hergestellt worden ist.

Und es gibt bei vielen, so wie auch bei dir, zwar eine optimale Verbindung zwischen diesen Ebenen, sodass man oft gar nicht in einen Traum eintauchen müsste, um die benötigten Informationen zu empfangen, aber …! Es gibt leider noch immer Themen und Bereiche, wo doch eine Blockade herrscht und wo daher dies, auch wenn der Mensch schon im Erwachen ist, nicht möglich ist. Und das, meine Liebe, ist aber kein Problem, keine Katastrophe, keine Unfähigkeit, sich bestimmte Themen anzuschauen, sondern es ist manchmal sogar gewollt, denn – und jetzt kommt's – der direkte Zugang zu bestimmtem Wissen würde viele Erfahrungen behindern, von denen man sich vorgenommen hat, sie als Mensch zu machen. Der Mensch muss zuerst andere Themen meistern, sie durchschauen, aus ihnen erwachen und erst dann, wenn er soweit ist, könnte er sich dem scheinbar Unerreichbaren annähern. Und dann ... dann geht meistens alles viel zu schnell und deswegen ist da sehr viel Vorsicht und genügend Vorbereitung notwendig, auch auf der Traumebene.

Aha!

Du meinst, das sind dann die Fälle, wo manche Menschen plötzlich abheben, unzugänglich oder fast „unmenschlich" werden?

„Unmenschlich" ist ein sehr verleitendes Wort, aber wenn man damit meint, dass sie sich mit ihrer Menschlichkeit nicht mehr identifizieren, dann kann man es so sagen.

Klar gibt es solche Fälle, die du erwähnt hast, aber ich habe eher etwas anderes gemeint. Ich meinte Fälle, wo der Mensch auf seiner menschlichen Ebene seine Erkenntnis noch nicht wirklich verarbeitet/verinnerlicht hat, aber glaubt, er sei bereits am Ende angelangt, obwohl er erst am Anfang ist. Möglicherweise geht es manchmal darum, dass sich das, von dem man meint, es als die wahrhaftigste Wahrheit erkannt zu haben, doch als eine der größten Glaubensillusionen entlarvt.

Punkt.

Mehr zu diesem Thema vielleicht ein anderes Mal, soweit sind wir jetzt aber noch nicht. Für uns war nun wichtig, das Traumgeschehen einem „Ottonormalverbraucher" näherzubringen, und ich hoffe, das ist uns einigermaßen gelungen.

Uhm, aber ich würde trotzdem noch gerne etwas zu meinen eigenen Träumen fragen. Du sagst, es geht bei mir um die Vorbereitung auf neue Aufgaben und so. Aber das, was ich in den letzten Tagen von meinen Träumen wahrnehme, ist nur ein Geflecht von verschiedensten Vergangenheitssituationen und Personen in allen möglichen Abwandlungen, logisch und unlogisch miteinander verbunden. Ich kann da nichts spüren, wovon ich sagen würde – wow!, das ist neu, das haut mich um, das hätte ich mir nie gedacht ... oder ist mir da etwas entgangen?

Nein und ja – wie üblich. Die Sache ist die – bevor es richtig losgeht, müssen einige Dinge bereinigt, aus dem Weg geräumt werden. Es sind Dinge, die man sich zugelegt hat, weil man sich aufgrund dieser gesperrten Bereiche in bestimmten Situationen nicht wirklich ausgekannt hat. Das heißt, man hat irgendwie geahnt: „Da stimmt etwas nicht ..." und sich gefragt: „Warum verhalte ich mich so bescheuert?", „das bin doch nicht ich, warum verhalten sich die Menschen so zu mir?", „das bin doch nicht ich, warum sehen sie mich nicht?", „warum ziehe ich immer diese komischen Dinge an, das ist doch nicht mein Stil ...", „warum muss ich mich immer mit demselben plagen, habe ich das gewollt?" ... usw. Man ist immer ein Mensch in seiner akkuraten/optimalen Erfahrung! – dieses sollte man nachspüren was es wirklich bedeutet. Man glaubt, eines Tages, wenn es soweit ist, doch Antworten auf die vielen „warum?" zu finden, aber wenn alles nur Erfahrung ist ...?

Und jetzt, wo du, meine Liebe, verstanden hast, dass es nicht darum ging, Antworten auf die „Warums" zu suchen, sondern eigentlich darum, zu erfahren ... zum Beispiel, wie du gerade warst und wie dich die Menschen wahrgenommen haben (das gehörte ja zum Spiel), jetzt können sich alle zurückgehaltenen „Ungerechtigkeiten" befreien und transformieren. So etwas geschieht aber selbstverständlich auch während des Tages, nicht nur im Traum. Im Traum wird es nur besser sichtbar, weil du nicht durch andere Dinge, Alltagsdinge, abgelenkt bist.

Aber das sind doch Berge von solchen Dingen. Es geht ohne Ende dahin und ich erkenne kaum irgendwelche wahren Situationen oder Begegnungen aus der Vergangenheit darin.

Wenn du den ursprünglichen Situationen begegnen würdest, was hätte das für einen Sinn? Denen bist du doch schon begegnet. Die waren damals so, wie sie waren, weil du so warst, wie du damals warst. Inzwischen hast du dich weiterentwickelt. Es kann zwar um dasselbe Thema gehen, aber auf einer anderen Ebene. Das Bearbeiten und Transformieren muss doch deinem momentanen Bewusstseins- und Entwicklungsstand angepasst werden und damit auch die Situationen, in denen du diesen Themen begegnest. Und weil du so ein Wesen bist, das nichts auslassen will, beleuchtest du das Thema eben aus den unterschiedlichsten Blickwinkeln und unter den verschiedensten Aspekten, bis es dir vielleicht einmal reicht, weil man – wie du weißt – ohne

Ende unzählige neue Blickwinkel produzieren kann, aber letztendlich geht es immer um das Gleiche.

Ja genau, und warum verstehe ich es immer noch nicht, dass ich nicht vom Hundertsten ins Tausendste gehen und endlos damit spielen muss? Ich dachte, das weiß ich schon!

Auf einer Ebene schon, auf einer anderen noch nicht ganz. Meistens handelt es sich um Dinge, die dir eigentlich sonnenklar sind – und dann doch nicht. Die „Lösung" scheint so simpel zu sein, dass ein bestimmter Teil in dir es ablehnt, sie als solche anzunehmen. Er kann nicht glauben, dass er sich so viele Jahre getäuscht hat, geplagt hat mit etwas, was so einfach ist. Solche Erkenntnisse scheinen nicht viel zur Stärkung des Selbstbewusstseins beizutragen. Und dieser Teil von dir vergisst immer wieder, dass die Täuschung doch absichtlich war und dass die Wahrheit immer einfach ist, besonders dann, wenn sie erkannt wurde. Also, was dir heute einfach erscheint, war früher gar nicht einfach, hat sogar in der damaligen „Realität" (Irrealität wäre vielleicht ein besserer Ausdruck) nicht existiert.

Worum es bei dir geht, ist, dass bestimmte Teile in dir, nachdem sie erkannt haben, endlich aufhören sich Vorwürfe zu machen, dass sie nicht schon früher erkannt haben.

Es gibt aber auch noch andere Spezialisten, die lieber gar nichts erkennen wollen, damit sie sich dann nicht solche Vorwürfe machen müssen – also da bist du doch schon einen Schritt weiter! An manchen Schemen des menschlichen Verhaltens kommt man einfach nicht vorbei – warum? Weil sie wieder nichts anderes als eine Erfahrung sind. Erfahrung der Menschlichkeit und der verschiedensten Wege, Verwicklungen und Illusionen, die letztendlich dazu führen, sich selbst zu erkennen, jenseits von alldem.

Ich glaube, das reicht wieder für heute. „Es tut mir Leid"[9], dass wir wieder nicht zu den Themen gekommen sind, die du dir vorbereitet hast, aber wie du weißt, ist das eine unnötige Sache, denn sobald du dich einmal in deinem Bewusstsein damit beschäftigt hast, hast du auch schon alle Informationen, die du brauchst. Dieses Buch wird nur dann interessant, wenn wir uns mit Dingen beschäftigen, die nicht nur für den Leser, sondern auch für dich noch „unverbraucht" und interessant sind. Wir wollen ja schließlich nicht aus der Vergangenheit schreiben. Unabhängig davon weiß ich, dass es dir immer wieder Spaß macht, wenn du überrascht wirst

---

9 *So wie ich meinen Coach kenne, tut es ihm sicherlich nichts Leid – er benutzt nur unsere Sprache, unsere Ausdrucksweise, unsere Redewendungen, mal zur Abwechslung, mal um etwas Bestimmtes aufzuzeigen und mal, um sich ein wenig zu „vermenschlichen", um uns/mir so näher zu kommen.*

und wenn diese Gespräche auch für dich eine unerwartete Wendung nehmen. Du fühlst dich so auch sicherer, dass du dir nicht hie und da selbst etwas zusammengereimt hast.

Einen wunderschönen Tag wünsche ich noch!

Danke dir, mein Tag ist auf jeden Fall lebendiger geworden.

Unzufriedenheit

Wie du sicher weißt, geht es mir seit gestern nicht so gut. Ich weiß nicht, womit mein Zustand zu tun hat, ob es das wiederaufgenommene Essen ist, das Einkaufen oder etwas gänzlich anderes. Auf jeden Fall fühle ich mich so, als wäre gestern beim Einkaufen plötzlich irgendetwas in mich „reingefahren". Mitten im Einkaufen fühlte ich Schwäche, hatte Nebel vor den Augen und konnte mich nur schwer orientieren. Nicht, dass ich solche Zustände nicht kennen würde, speziell von Geschäften und Einkaufszentren, wo dichtere Energie ist, wo sich täglich viele Menschen austauschen usw., aber nach dem Nachhausekommen konnte ich meistens alles rasch verarbeiten, doch gestern war das nicht der Fall.

Am Abend verstärkte sich dieser Zustand noch, mein Kopf war plötzlich voll mit unzufriedenen Gedanken. Alles Mögliche ist mir eingefallen, vor allem, was mir an meinem Mann nicht passt, was er versprochen hat zu tun und nicht getan hat usw. Seit Wochen habe ich nicht mehr so gedacht. Meine Einstellung war, was er tut, ist sein Ding, ich kann nicht wissen, was gut für ihn ist oder nicht. Diese Vorwürfe, die sich da plötzlich in meinem Kopf angesammelt hatten, wollten

Unzufriedenheit

rausgeschrien werden, wollten, dass ich sie ihm an den Kopf schmeiße, ihn runtermache und was weiß ich, was noch alles. Und weil ich es nicht getan habe, verstärkten sich der Druck und die Unzufriedenheit in mir noch mehr. In meinem Kopf entstanden Aggressionen, sodass ich das Gefühl hatte, dass es mich zerfrisst, dass ich es nicht aushalten kann und doch explodieren und all die Vorwürfe ausspucken werde – fast wie die Zustände von Klara, die ich in meinem Buch „Erwachen im MenschSein – Das Experiment" beschrieben habe. Dann flüchtete ich ins Bett, da ich mir nicht anders zu helfen wusste, und musste weinen, weil der Druck so unerträglich war. Was ist bzw. war mit mir los?

Danke für die ausführliche Berichterstattung. Nichts ist so wie es scheint, meine Liebe. Das ist eine Lektion, die wir hier lernen müssen und die uns, solange wir es nicht mit unserem ganzen Wesen verstanden haben, zu schaffen macht. Bis es soweit ist, sind wir Gefangene von uns selbst, wir sind die Söhne und Töchter, die sich in ihren innersten Empfindungen verraten fühlen, weil scheinbar niemand auf ihre unschuldige, sensible Seele achtet. Wir versuchen immer unser Bestes und es scheint niemandem zu gefallen, niemand kümmert sich darum, ob wir gerade in uns so etwas wie Anstand oder Scham verspüren, wenn es heiß hergeht. Niemand berichtet uns über unsere gelungene Taten und Schritte, niemand weiß über unsere „Schattensprünge" Bescheid. Wir sind wie „Schattensoldaten", die in der Gegend herumspazieren, gegen Windmühlen kämpfen – bereit, das letzte Hab und Gut für das Wohl der Allgemeinheit oder für den Einen zu geben. Niemand ist da, der das achtet, der das sieht und versteht. Warum? Warum fühlt es sich so an? Warum haben wir nicht das Gefühl, dass zumindest ER, der EINE, mit uns ist, uns begleitet, ein Auge auf uns hat, uns zuzwinkert, wenn es brenzlig wird und uns auffordert, tapfer zu sein? Warum lässt auch er uns im Stich? Warum werden wir in solchen Situationen von „allen guten Geistern verlassen"? Warum dreht uns die ganze Welt den Rücken zu?

Weil ...

Weil wir uns in solchen Momenten in einer Welt befinden, in der es sich lohnt zu kämpfen, in der man sich retten muss/soll, in der Gefahren drohen, in der nur das Richtige zählt, in der ein Schritt daneben dem Sprung in die Hölle gleicht. Wer soll uns in dieser Welt helfen? Welche guten Geister sollen sich dort befinden? Welcher Gott? In einer gottlosen Welt kann es doch keinen Gott geben oder? Aber eine Welt ohne Gott? Gott ist doch ALLES, ALLES WAS IST, also denkt man sich logischerweise – egal welche Ecke – Gott ist überall ... Ja, das stimmt, aber wenn man schon die Logik benutzt, dann stimmt doch irgendetwas nicht. Also – Gott gibt es überall, das stimmt – wie kann es dann aber eine gottlose Welt geben? Kann es nicht! Deswegen ist der Gedanke daran nur eine Illusion. Aus diesem Blickwinkel betrachtet – in welcher Welt sollte man dann gerettet werden? In welcher muss man mit letzter Kraft kämpfen, sich vor der Hölle und Verdammung fürchten? In der göttlichen? Ja klar, man kann es probieren, aber warum sollte jemand zu Hilfe eilen, wenn es nur ein Spiel ist und keine wirkliche Gefahr droht? Welche Gefahr außer der unendlichen Liebe, außer dem Leben alleine, soll in der göttlichen Welt drohen? Schon das Wort „drohen" passt nicht in diese EINE Welt. Und warum sollte jemand plötzlich noch mehr ein Auge auf uns haben, als ER es schon die ganze Zeit hat?

Ja, das verstehe ich alles, das kenne ich doch bereits in- und auswendig – denke ich – und trotzdem fühle ich mich mies und verwirrt. Und auch wenn ich mich plötzlich in einer Illusion von Leid, Aggression, Bedingtheit, Unzufriedenheit usw. befinde, habe ich keine Ahnung, wie ich dorthin abgerutscht bin, und deswegen weiß ich auch nicht, wie ich da jetzt wieder rauskomme. Ich kenne doch Momente, wo ich nachvollziehen kann, dass ich wieder auf irgendetwas eingestiegen bin, irgendetwas hat mich aufgeregt, irgendetwas habe ich bewusst bzw. unbewusst verurteilt, bewertet, hatte Angst davor oder war aus irgendwelchen Gründen – ob wegen der Erziehung, vergangener Erfahrungen etc. – im Widerstand dazu. Aber gestern? Gestern war, wie ich schon geschrieben habe, ein wunderschöner Tag, ich schrieb/sprach dann mit dir, das hat mich noch mehr aufgeheitert, ich war guter Dinge – dachte ich zumindest – die Welt schien für mich in Ordnung zu sein und so bin ich einkaufen gefahren. Und zurückgekommen bin ich wie aus einer anderen Welt. Egal, wie sehr ich es mir auch anschaue, ich kann ihn nicht erkennen – den Knackpunkt, wo und wie das passiert ist, dass ich plötzlich aus der „heilen" Welt rausgefallen bin.

Das ist schon alles richtig, was du sagst – auf der einen Ebene – auf deiner.

Nur du vergisst eines: die Dinge in dieser Welt – nicht in der EINEN, sondern in dieser – drehen sich im Kreis. So unglaublich es auch klingen mag, die Dinge – anders kann man es gar nicht benennen – drehen sich wirklich im Kreis. So wie jeder Mensch das endlose Sich-im-Kreis-Drehen seiner Gedanken kennt, wo keine Lösung und kein Aus zu finden sind und nur das Aussteigen selbst Erleichterung verschafft, so geschieht es im Allgemeinen mit allem, was sich in „dieser" Welt befindet. Wie soll es anders gehen? Es ist eine begrenzte, also verschlossene Welt. Was sollte da Neues passieren, wohin sollte es führen außer an die Grenze? Oder eben um die Grenze herum – immer im Kreis oder hin und her, und hin und her.

Und was dich, meine Liebe, betrifft – was ist gestern passiert? Beflügelt durch unser Gespräch und die scheinbare Klarheit deines Geistes, bist du einkaufen gefahren und warst im Gegensatz zu anderen Malen unaufmerksam. Das passiert, wenn man sich mit ALLEM, WAS IST verbunden fühlt, man merkt nicht, dass man in „die andere" Welt absteigt. Es geht nicht anders. In der Welt der Illusion habt ihr noch etwas zu tun – deswegen seid ihr ja da. Die Welt ist irgendwie auch für euch da. Wie die Bühne, über die du in deinem anderen Buch[10] schreibst. Man muss wieder auf die Bühne, um sie als Bühne und seine Rolle endgültig als Rolle zu erkennen, um aus dem ewigen Kreislauf der Bühnenvorstellungen auszusteigen. Wie soll man von der Bühne oder von irgendetwas aussteigen, sich darüber erheben, ohne dass man sich dort befindet?

Und du, meine Liebe, bist dir nicht bewusst, wo du dich mit der Illusion identifiziert hast? Klar, du weißt über die

---

10 Hier ist das Buch „Der Mensch und seine Heilung – Das göttliche Puzzle" gemeint.

Bühne Bescheid und es gelingt dir oft, dich auf der Bühne zu bewegen, ohne den Blick für die Illusion zu verlieren, aber …! Was ist gestern passiert? Wenn du versuchst dir anzuschauen, was passiert ist, siehst du, wie jeder andere Mensch auch, alles durch deine vergangene Erfahrung. Du meinst zu wissen, wenn du dich einst in der Vergangenheit verfahren, verirrt hast, dann ist das passiert, weil das … und das … Die altbekannten Dinge eben. Aber – das glaubst du ja wohl selbst nicht, dass dir immer wieder Dinge begegnen, die du schon kennst oder sogar zur Genüge geübt hast. Jeder Mensch begegnet Situationen, die seinem Bewusstsein und Entwicklungsstand entsprechen. Dem einen hilft noch das Grobe, das Offensichtliche, weil sein Auge, sein Wahrnehmungssystem, abgestumpft ist; und derjenige, der schon fähig ist, viele Feinheiten zu erkennen, braucht etwas anderes. Du kannst dir doch denken, worum es bei dir geht. Nicht mehr um das Offensichtliche und auch nicht um das Offensichtliche hinter dem Offensichtlichen. Es geht um die Erfahrung, welch große Wirkung auch so scheinbar winzige Kleinigkeiten und „Unbedeutsamkeiten" in dieser Welt haben können.

Aber nochmals zurück, um noch ein wenig konkreter auf gestern einzugehen um aufzuzeigen, für wie normal man gewisse Dinge hält und sich dabei eigentlich nichts denkt:

Unzufriedenheit

Du bist gestern einkaufen gefahren, nachdem wir geschrieben hatten, und du hast dich dabei noch in unserer gemeinsamen (geistigen) Welt befunden. Wie schon gesagt, warst du dadurch bei der Begegnung mit der Bühne nicht aufmerksam genug. Du wolltest etwas Bestimmtes kaufen und im ersten Laden, in dem du warst, gab es das nicht. Für Menschen nichts Ungewöhnliches und für dich, die im Sozialismus aufgewachsen ist, schon überhaupt nicht – denkt man. Aber für ein Wesen, welches das Wissen über die Fülle hat und dem auf einer Ebene immer alles in Fülle zur Verfügung steht, schaut es anders aus. Wie gesagt, du hast vergessen, dass du dich auf der Bühne bewegst. Du bist mit einer bestimmten Erwartung in dieses Geschäft einkaufen gegangen und ohne dass es dir bewusst war, warst du auf einmal enttäuscht[11] und auch genervt, weil du außerplanmäßig noch ins nächste und dann noch ins übernächste Lebensmittelgeschäft gehen „musstest"[12]. Im dritten Laden, obwohl es dort

---

11 *Enttäuschung heißt eigentlich nichts anderes als Desillusionierung, d.h. die Illusion als Illusion zu entlarven und zu sehen, dass es nicht die Wahrheit, das Wahre, sein kann. Enttäuschen – die Täuschung entschlüsseln.*

12 *Anführungszeichen deswegen, weil man prinzipiell überhaupt nichts muss, außer erkennen, dass uns die Welt der Illusion vorgaukelt, dass wir unzählig viele Dinge müssen/brauchen – so werden wir auf Trab gehalten, wie in einer Illusionsshow, um unsere Aufmerksamkeit abzulenken, damit wir den Trick nicht durchschauen. Umso mehr wir glauben, dass wir etwas müssen, umso tiefer stecken wir in der Imagination drin.*

endlich die Ware gab, war deine Laune dahin und von dem sonnigen Tag hast du auch nicht mehr viel mitbekommen. Ohne dir dessen bewusst zu sein, hast du in deinem Einkaufskorb auch viele Unzufriedenheitswolken der anderen Menschen, die beim Einkaufen ähnliche oder auch andere Unzufriedenheiten erlebt/ausgelebt haben, gesammelt. So ein Laden ist doch die ideale Bühne zum Ausleben, meinst du nicht? Er lädt regelrecht dazu ein. Wenn man dort etwas nicht findet, was man sucht, kann man gut katalysieren. Man lässt „endlich" den aufgestauten, scheinbar „berechtigten" Ärger raus, der aber oft mit dem Einkaufen oder Versorgen gar nichts zu tun hat. Und so hast du nicht nur die Ware, die du wolltest, sondern auch eine Packung Ärger von anderen Menschen, die vielleicht beim Einkaufen ihre Unzufriedenheit über ihre unfähigen bzw. unzuverlässigen Partner rauslassen, mit nach Hause genommen.

Der Punkt ist, dass du gar nicht gemerkt hast, dass du dich deswegen geärgert hast, weil es die Ware im ersten und zweiten Geschäft nicht gegeben hat. Das ist deine Lektion: zu sehen, zu erkennen, wie viele Dinge des Alltags man für normal hält und ihnen kaum Aufmerksamkeit schenkt.

Klar war dein Ärger scheinbar klitzeklein, fast nichts im Vergleich zu anderen Zuständen, die du so kennst; deswegen hast du dir umso mehr Ärger nach Hause mitgebracht, damit du es merkst. Wie schon einmal gesagt, das Resonanzgesetz ist unmissverständlich und denkt nicht in Maßstäben von wenig und viel oder klein und groß. Ärger ist Ärger, Trauer ist Trauer, Schmerz ist Schmerz, Freude ist Freude, Liebe ist Liebe, egal in welcher Dosis.

Glaubst du, haben wir es jetzt deutlich genug und unmissverständlich ausgedrückt?

Für mich auf jeden Fall – glaube ich zumindest. Und ich habe heute dieses Gespräch sowieso als Erste-Hilfe-Sitzung für mich gesehen. Ich wollte es gar nicht hier ins Buch dazuschreiben, aber wie ich sehe, können sich wahrscheinlich andere auch etwas davon nehmen. Wie immer bin ich in solchen Situationen wieder verdutzt, was sich da abgespielt hat und wie geblendet ich war.

Es bleibt noch eine Frage offen: Gestern ist das passiert, was passiert ist, und ich habe mir diesen Ärger eingeholt, ihn nach Hause mitgenommen, und er scheint jetzt in mir weiterzuleben. Was soll ich nun damit tun?

Du hast dir nicht wirklich fremden Ärger nach Hause mitgenommen. Wie schon gesagt, du hast dich ganz freiwillig geärgert, du hast den Ärger also alleine – freiwillig – erzeugt bzw. hat er sich in dir produziert. So könnte man es sehen. Die passende Frage an dieser Stelle wäre: Warum hast du dich eigentlich geärgert? Und noch dazu so, dass es dir kaum bewusst war? Die Antwort ist ziemlich simpel, wir haben es schon einmal in diesem Buch angesprochen: Einfach aus Gewohnheit! – so unglaublich es auch klingen mag. Menschen können wütend, traurig werden und sogar aus Gewohnheit leiden. Einfach weil es sich in bestimmten Situationen so gehört, man hat es von Kindheit an so gelernt. Und besonders im Sozialismus gehörte es zur Tagesordnung, sich über die Umstände, das System, das Regime, die Versorgung, zu ärgern. Man glaubte an einen „berechtigten" Zorn und daran, sich zumindest so ein wenig Freiheit (Meinungsfreiheit war damit gemeint) zu verschaffen. Man hat dabei nicht bedacht, dass gerade solche Dinge wie Wut und Ärger, dass gerade sie es sind, die einen endgültig unfrei machen.

Mit dem letzten Satz wären wir wieder fertig für heute und ich bin froh, dass du diesmal nicht, wie so oft, gewartet hast, bis das Gewitter vorbeizieht, sondern dass wir es gleich an einem konkreten Musterbeispiel diskutieren konnten.

Haben wir nicht vergessen zu erwähnen, was man nun mit dem ganzen Ärger eigentlich praktisch machen soll?

Haben wir es vergessen? Ich glaube nicht. Vielleicht sollte man die letzten Absätze noch einmal lesen. Wie schon (vielleicht zwischen den Zeilen) gesagt, es bleibt jedem überlassen, ob er sich frei oder unfrei fühlen will, ob er sich ärgern oder nicht ärgern will. Ganz besonders, wenn es um das Ärgern aus Gewohnheit oder „Berechtigtheit" geht oder weil es sich scheinbar gehört. Das kann wirklich jeder für sich selbst entscheiden. Das, was letztendlich zählt, ist die Absicht. Alles andere geschieht dann wie von selbst, ein Schritt nach dem anderen, so wie es für jeden optimal ist.

Wunderschönen Tag!

Danke!

Ernsthaftigkeit

Wunderschönen guten Morgen, wie hast du geschlafen? ☺

Du traust dich, mir eine solche Frage zu stellen?!

Na ja, es war einen Versuch wert, bevor es losgeht. Du hättest vielleicht antworten können und man hätte wieder etwas Neues, Erfrischendes, Erstaunliches erfahren ...

Ich glaube, wir schreiben hier genug Neues, Frisches, Erstaunliches, meinst du nicht?

Ja, ja ... Aber du weißt doch sicher, dass man sich lieber über andere unterhält, wenn es ans Eingemachte geht.

Das ist klar, aber ich finde, die Frage war ein Versuch zu erahnen, wie menschlich ich noch bin. Ist es nicht so?

Wahrscheinlich ...

Die Sache ist aber – dieses Buch ist nicht ein Buch über mich. Es würde nur vom Thema ablenken. Viele Menschen würden glatt achtzig Prozent des Inhaltes vergessen, würden wir uns in die für euch so „fantastischen" Gefilde wie die (scheinbar) meinen begeben. Also bleiben wir lieber bei den Höflichkeiten, ich spiele mit und antworte: Danke der Nachfrage, es geht mir wunderbar!

Na gut. Also dann doch zurück zu unseren „ernsten" Gesprächen.

Dazu habe ich gleich eine Frage: Warum kommen dir unsere Gespräche ernst vor? Was sind das überhaupt für Worte: „Ernst", „Ernsthaftigkeit", „ernst sein" – hast du schon Mal darüber nachgedacht? Sind es nicht wieder nur Gewohnheitsbegriffe? Was für einen Inhalt haben sie für dich?

Ja, ich sehe deine bildlichen Gedanken – es kommt sofort bei dir das Bild aus deinem ersten Buch[13] hoch, wo sich Klara in ihren Baby-Körper träumt. Sie sieht, wie sie in eine dicke Decke eingewickelt wird und sich aus dieser mit aller Kraft, die dem kleinen Körperchen zur Verfügung steht, zu befreien versucht. Das gefällt allerdings der Mutter nicht, sie runzelt ihre Stirn, legt sie in Falten, der Finger wird mahnend erhoben und der gesamte Gesichtsausdruck wird ernst, was die Kleine verwirrt – so gefällt ihr die Mutter gar nicht.

---

13 Hier ist das Buch „Erwachen im MenschSein – Das Experiment" gemeint.

Wie dieses schöne Beispiel zeigt, bilden wir uns schon als Säugling irgendwie ein Urteil. Den „Ernst", den will man nicht haben, der ist nicht schön, der fühlt sich nicht angenehm an. Und trotzdem – oder vielleicht gerade deswegen – lernt man, das Leben und die Mitmenschen ernst zu nehmen und selbst ernsthaft zu sein, was oft mit gewissenhaft gleichgesetzt wird. Man macht es genauso wie diese Mutter; man runzelt die Stirn, erhebt oft den Finger, schärft die Stimme, kneift die Augen zusammen und – nebenbei gesagt – spannt/verspannt seine ganze Muskulatur, damit der ernste Ausdruck so richtig ernst, also echt, wird. Es soll doch niemand denken, dass man leichtsinnig ist, dass einem irgendjemand bzw. irgendetwas (Job, Chef, Familie, Kinder, Eltern …) egal, nichts wert ist. Ein kleiner Tipp am Rande – man kann sich vorstellen, woher so manche Muskelverspannungen kommen.

Da sehen wir das Paradoxon des Menschlichen – um jemandem zu zeigen (auch dem Leben selbst), dass er uns wichtig ist, dass uns etwas an ihm liegt, dass wir ihn lieb haben, begeben wir uns in einen Körperausdruck, den wir selbst eigentlich gar nicht mögen, der uns von klein auf zuwider ist oder sogar Angst einjagt. Wo ist die Logik? Warum tun wir das? Und noch einmal, was ist die „Ernsthaftigkeit" aus solch einem Blickwinkel dann eigentlich? Ist sie noch wirklich ernst? Kann man sie ernst nehmen? Mir scheint es fast so, als wäre sie heutzutage bei euch das Ausdruckmittel der Liebe schlechthin ... Ist das nicht seltsam?

Die anfängliche Frage an dich war – warum kommen dir unsere Gespräche ernst vor?

Die Antwort ist: Weil die Menschen gelernt haben so zu denken, so wahrzunehmen. Sobald man verspürt, dass man geliebt wird, übersetzt das Gehirn die Information folgendermaßen: „Ich bin diesem Menschen wichtig" bzw. „ich soll diesem Menschen wichtig sein." Und wichtig zu sein – das ist eine ernste Angelegenheit! Wichtig – darüber lacht man doch nicht, wichtig – das kann man nicht auf die leichte Schulter nehmen. Wichtig und leicht – wie sollte das zusammenpassen? Also – umso wichtiger, umso ernster – umso schwerer, eine umso größere Last bürdet man sich sicherheitshalber auf – und achtzig Prozent der „liebenden" Gesellschaft läuft gebückt unter der selbst auferlegten Last, aber hauptsächlich mit ernster Miene durch die Gegend und versucht, ganz stramm, wie brave Elitesoldaten, durchzuhalten, so lange es geht. Passiert einmal ein Hoppala, man vergisst sich, aus welchem Grund auch immer, schüttelt für einen Moment die strenge Maske und die schwere Last ab, wird man – wen wundert's – leicht wie eine Feder.

Man scheint die Bodenhaftung verloren zu haben und dahinzuschweben, was den anderen gleich als Schwachsinn, Leichtsinn, Verrücktheit erscheinen mag. Man fühlt sich sofort bedroht, weil man den Status der Wichtigkeit bei so viel Luftigkeit und Abgehobenheit verlieren kann. Bitte nicht vergessen, das heißt nicht, dass Menschen nicht lachen, sich nicht amüsieren, die Liebe nicht anders ausdrücken können, aber wir sprechen hier jetzt über das Thema „Ernsthaftigkeit" und was dahintersteckt.

Mir ist aufgefallen, dass auch in diesem Fall irgendwie die „Ernsthaftigkeit" mit der „Wichtigkeit" verbunden ist. Wie zwei Schwestern – oder ist es ein und dieselbe Sache?

In gewisser Hinsicht geht es immer um ein und dieselbe Sache. Ob eine Form oder eine andere, letztendlich geht es immer (bei Menschen) um das Werten und darum, alles einordnen zu wollen bzw. zu müssen. Es geht, wie schon einmal erwähnt, um das Denken in lauter Nullen und Einsen, wie der Computer. Ja/nein, gut/schlecht, gefällt mir/gefällt mir nicht, mag ich/mag ich nicht, will ich/will ich nicht, liebe ich/liebe ich nicht ... Solches Denken ist, bitte schön – ich weiß nicht, ob es jemandem bewusst ist – sehr anstrengend, es kostet sehr viel Energie, man muss dauernd auf der Hut sein, damit man ja keinen Fehler macht, damit man nicht falsch einordnet, nicht in die falsche Schublade steckt, weil man möglicherweise einen „Nichtfreund" als „Freund" „abstempelt" und das kann verheerende Folgen (Enttäuschung, Verletzung, Schmerz, Verwirrung …) haben. Man muss ganz schön aufpassen, welche Dinge man mit einer Eins auszeichnet und welche man als Nullen ad acta legt.

Aber jetzt noch einmal die Frage: Warum kommen dir unsere Gespräche ernst vor?

Zuerst mal, weil du glaubst, dass sie anderen ernst vorkommen werden, weil du das allgemeine Wertesystem dahinter spürst, und weil du selbst unseren Gesprächen auch eine „1" verpasst hast. Das heißt, sie scheinen wichtig zu sein, also sagt das Gehirn dazu, sie sind ernst. Und sobald wir ein wenig zu scherzen beginnen – glaube mir, wir könnten uns noch viel entspannter und lustiger unterhalten – läuten in deinem Gehirn die Alarmglocken, weil du unbewusst spürst, dass die Leser es missverstehen und denken können, dass uns das Thema nicht wirklich am Herzen liegt, sondern dass wir uns lustig machen. Du selbst weißt, dass es nicht der Fall ist, weil du durch den erweiterten Geist (in den Momenten unserer Gespräche) voraussiehst, wohin es führt und was ich damit ausdrücken will, aber du meinst, der Leser könnte es eventuell nicht nachvollziehen. So blockst du ab und man kommt dann bei gewissen Themen mit Leichtigkeit, Spaß und Freude gar nicht durch.

Also kommen dir unsere Gespräche eigentlich teilweise ernst vor, weil sie einigermaßen ernst geschrieben sind, weil es sinnvoll ist, in einer Sprache zu schreiben, welche die Menschen verstehen, selbst benutzen. Man kann auch sagen, wir übersetzten manchmal die Worte in einen ernsten Ton, damit einige überhaupt die Möglichkeit haben zu verstehen, dass sie uns am „Herzen liegen".

Vielleicht ist es ein wenig verwirrendes Thema für heute, aber es ist gar nicht so kompliziert, wenn man sich in Erinnerung ruft, dass es nichts anderes als eine Erfahrung ist und es darum geht, auch dieses Thema einmal bewusst zu erfahren bzw. zu sehen, was sich in diesem Zusammenhang abspielt. Sich selbst im Spiegel anschauen – einmal ernst, einmal mit einem Lächeln – und sehen, fühlen, was dabei geschieht. Welches Bild ist normal, mit welchem identifiziert man sich eher nach außen und mit welchem im Inneren?

Viel Spaß dabei!

Danke! Ich sehe schon, so nebenbei, ganz unauffällig, habe ich eine ganz „ernste" Hausaufgabe bekommen ... ☺

Traurigkeit

Heute ist ein wunderschöner Sonntag – könnte man meinen. Aufgewacht bin ich mit guter Laune, der ganze Tag war vor mir, es sollte ein gemütlicher Tag werden. Und dann ist irgendetwas passiert, die Stimmung ist gekippt, ich weiß nicht ganz genau warum. Der schöne Sonntag schien dahin zu sein und ich war auf einmal ein Haufen Trauer, Leid und Unglück oder so ähnlich. Einfach von einer Sekunde zur anderen, vom Sonnenschein zum Trübsalblasen – wie ist das möglich? Was ist das? Warum?

Das unendliche Leiden des Menschseins hat dich erwischt. Man fühlt sich benommen, ohnmächtig, nichts läuft nach Plan und es scheint keinen Grund dafür zu geben. Alle Umstände deuten darauf hin, dass man sich glücklich, „happy" fühlen soll. Es ist Sonntag, die Sonne scheint, die Vögel zwitschern, der Ehemann ist zu Hause, alle geplanten Aufgaben sind erledigt, man ist endlich bereit fürs Genießen, für einen harmonischen, gemütlichen, ruhigen und friedlichen Tag. Es geht nicht nur dir so, es scheint fast der ganzen Nation, sogar der halben Welt, so zu gehen. Millionen von Menschen sind am heutigen Tag mit friedlichen und freudigen Erwartungen aufgewacht. Es ist Frühling, die Natur ist endlich erwacht, die Regenwolken haben sich verzogen und man will mit der Natur mithalten. Man will genauso erwachen, das Staubige, Träge, abschütteln und erblühen.

Und, ist etwas Verkehrtes daran?

Grundsätzlich nicht, nur stelle dir die Last vor, den Erwartungsdruck, den so Millionen von Menschen an so einem Tag plötzlich erzeugen. Die ganze Hektik, Strenge, die Ernsthaftigkeit, Schmerzen, Trauer, Enttäuschungen, Frust und Trägheit, dies alles soll an so einem wunderschönen Morgen weichen, das Gemüt soll sich erhellen – die winterliche Depression und Mattheit packt man am besten in einen Koffer und verstaut sie im Keller, bis wieder die Wintertage hereinbrechen, nicht?

Was glaubst du, was passiert mit allen dichten Energien, die man die ganze Zeit mit sich trägt und weiter erschafft, die plötzlich den Blick und das Herz nicht verschleiern, nicht trüben sollen? Wohin sollen diese verschwinden? Sollen sie sich in Luft auflösen? Soll man sie in der Erde begraben oder in den bereits erwähnten Koffer packen, für spätere Zeiten aufheben, wenn es wieder passt? Tausende Menschen wollen auf einmal irgendetwas nicht mehr haben. Man müsste eine riesige Mülldeponie eröffnen, wo man das ganze Zeug entsorgen könnte, wäre es so einfach. So hätten wir plötzlich unzählige glückliche und fröhliche Bürger, wo kämen wir da hin?

Wäre es so einfach, wären wir hier alle schon längst im ersehnten goldenen Zeitalter und müssten nicht Tag ein, Tag aus, grüblerisch in der Nase bohren.

Aber, wie du weißt, so einfach ist das nicht – und warum?

Sagt man nicht so schön: Jeder soll seinen Mist selbst aufräumen?

Da schafft auch die allgemeine Globalisierung keine Abhilfe, außer sie würde global lehren, dass sich jeder, der Frieden und Freude leben will, zuerst um die eigenen Schatten oder – wie du es nennst – um den eigenen Schlamm kümmern muss. Diese stehen nämlich dem natürlichen freudigen Zustand im Wege und man kann sie leider nicht so einfach vor fremde Türen schieben in der Hoffnung, dass sich jemand findet, der sie noch gebrauchen oder damit noch etwas anfangen kann. Man versucht es zwar, und das ist es dann, was man an so einem wunderschönen Sonntag spürt: Tonnen von „möchte-gern" abgeschüttelten Sorgen und Hektik, welche die Menschen an diesem Tag einfach nicht haben wollen. Sie brechen aus, gehen in die Natur, ins Restaurant, sind nett zueinander, überhaupt wenn es so ein „besonderer" Tag wie heute – Muttertag – ist. Jede Tochter, jeder Sohn – und in diese Kategorie fallen alle Menschen auf dieser Erde, wirklich jeder, das muss man sich mal vorstellen – jeder von ihnen hat eine Mutter und soll trotz seiner Alltagssorgen, trotz seines gewohnt mürrischen Gemüts, trotz seiner eingeübten Kühle und Ernsthaftigkeit auf einmal nett, brav, warmherzig und dankbar sein, um zumindest einmal im Jahr der Mutter zu gefallen, um sie davon zu überzeugen, wie gut er ist, um all ihre Zweifel aus der Welt zu schaffen und ... und ... und ...

Wie schon im vorherigen Kapitel gesagt – es ist ernst. So ein Tag wie heute – der ist ernst. Man muss die Mutter ernst nehmen, ihr verdankt man schließlich das Leben – zumindest das irdische. Man wird an das eigene Kindsein, das noch irgendwo in einem schlummert und seit Ewigkeiten nicht zur Sprache kam oder kein Gehör fand, erinnert. Das Kind schlummert das ganze Jahr über, oft absichtlich, in Vergessenheit. Wo käme ein Manager, ein Ölmagnat, ein Chefarzt oder ein Finanzminister hin, würde er täglich aufwachen im Bewusstsein, dass er noch immer das Kind seiner Mutter ist, statt seine schwer erarbeitete Position und/oder Mission vor Augen zu haben?

Lasse dich nicht täuschen!

Alle Menschen werden heute an ihr Kindsein erinnert, das muss man sich einmal vorstellen. Auch die Mütter selbst, zu denen man mit einem Blumenstrauß und einem glücklichen Lächeln eilt, auch sie werden nicht verschont, sie haben ebenfalls Mütter, das heißt, sie sind – ob sie wollen oder nicht – auch Kinder. Eine nicht gerade beneidenswerte Position, einerseits das Mutterbild zu wahren, anderseits das brave Kind in sich wach werden zu lassen – der eigenen Mutter zuliebe.

So ein Tag wie heute ist nicht nur eitel Sonnenschein. Er ist voll innerer Konflikte, gepaart mit dem Bemühen und der ernst gemeinten Sorge, seine ehrliche Dankbarkeit und Liebe zur Genüge zum Ausdruck zu bringen.

Und die Sonne scheint trotzdem weiter, die Vögel zwitschern freudig dahin … Der Mutter will und will in der Küche das alljährliche Muttertagsessen nicht gelingen. Die Gäste kommen schon bald und sie schwitzt, ist nervös, nichts funktioniert so wie es sollte. Die Gratulanten versuchen vor der Tür, bevor sie die Klingel betätigen, die seltsame Nervosität abzuschütteln, den Blumenstrauß – hoffentlich gefällt er, hoffentlich ist er der Richtige – der unterwegs im Megafeiertagsstau ein wenig von seiner Frische verloren hat, zurechtzuzupfen, und Mutters Lieblingsblumen haben sie

Traurigkeit

ohnehin nicht mehr gehabt ... usw. usw. Aber wir setzen uns dann alle gemeinsam an den Tisch, versuchen uns anzulächeln – was macht es aus, dass man sich noch vorgestern mit der Mutter am Telefon gestritten hat – heute ist halt ihr Tag, heute sind alle nett zueinander, es gehört sich so.

Und glaubst du, alle sind an diesem sonnigen Tag happy, zufrieden, und alles ist endlich harmonisch? Am Abend, wenn alles endlich vorbei ist, dann sind viele erleichtert, können ihre gewohnte „Identität" wiederaufnehmen und so sein, wie sie möchten – ob die Sonne scheint oder nicht.

Und so etwas, meine Liebe, so eine Realität, wie brutal sie auch scheint, macht einen dann irgendwie traurig, ob man sich dessen bewusst ist oder nicht. Denn grundsätzlich würde wirklich fast jeder diesen Tag gerne in Liebe, Freude und Dankbarkeit verbringen, aber er spürt, dass es ihm kaum möglich ist – das ist es, was so traurig macht. Man wird sich irgendwie bewusst, wie weit man sich bereits entfernt hat. Das ist es, was so ausweglos erscheint, weil man nicht weiß, wie es passiert ist, wie und warum man soweit gekommen ist und was man nun damit tun soll/kann.

Aber, meine lieben Menschenkinder, lasst euch nicht täuschen, nicht von euch selbst, eurem eigenen Gefühl, den

Lasse dich nicht täuschen!

scheinbaren Widrigkeiten. Alles ist nur Erfahrung und das, was wirklich immer zählt, ist die Absicht dahinter – ob es einem dann gelingt, wirklich fröhlich zu sein und zu lächeln, ist eine andere Geschichte. Die Absicht zu lächeln, sich zu freuen, die ist wichtig. Ihr könnt mir glauben, sie bewirkt etwas, auch wenn die gewünschte Frucht noch unsichtbar ist – aber sie keimt.

Einen wunderschönen Tag wünsche ich euch, wie immer. Jeder Tag kann wunderschön sein, jeder Tag ist auf seine eigene Weise wunderschön.

Aufmerksamkeit

Zwei Tage lang plagten mich migräneartige Kopfschmerzen. Tag und Nacht, ohne Pause, ein schneidender und hin- und her-, quer durch den ganzen Kopf wandernder Schmerz. Egal was ich tat, womit ich mich beschäftigte, nichts schien den Schmerz zu mildern. Dazu verletzte ich mich mehrmals an den Fingern. Heute spüre ich den Schmerz noch latent im Hinterkopf, als käme es auf den nächsten Schritt an, den ich jetzt machen werde, erst dann entscheidet sich, ob der Schmerz erneut ausbricht oder gänzlich verschwindet. Außerdem habe ich heute ein unangenehmes Völlegefühl im Bauch, als hätte ich viel zu viel gegessen – vielleicht habe ich das auch. Nach dem Fasten ist es wirklich sehr schwierig, die optimalen Portionen zu sich zu nehmen. Hat das Kopfweh vielleicht auch mit der erneuten Nahrungsaufnahme zu tun?

Meine Liebe, zuerst mal einen guten Morgen! Es freut mich, dass du trotz dieser körperlichen „Missstände" guter Laune bist. Daran kann man deine Entwicklung erkennen und dass dich die Illusion des Körpers nicht mehr so in die Mangel nimmt. Du beachtest – beobachtest die Wehwehchen und weißt, sie wollen dir irgendetwas mitteilen. Auch wenn du ihre Botschaft nicht auf Anhieb verstehst, der erste Zweck ist erfüllt, du bist aufmerksamer geworden und erwartest dir nun Informationen. Man kann auch nicht mehr sagen, dass du, wie früher, beim Analysieren aller bekannten und unbekannten Möglichkeiten hängen geblieben bist. Du weißt mittlerweile, dass die Suche nach Antworten aus einem verfahrenen Zustand heraus meistens noch mehr Kopfschmerzen und noch mehr Bauchweh bedeutet. In einem Zustand der Unklarheit ist es sehr schwer, die vielleicht direkt vor der Nase liegenden Antworten bzw. Impulse zu entziffern. Man muss sich zuerst beruhigen, besinnen, zentrieren, die Blickrichtung justieren, damit man überhaupt fähig ist, zu verstehen. Bis es soweit ist, müssen sich einige Dinge klären, und das, was den Blick bindet, muss seine magische Anziehungskraft verlieren.

Aber das alles ist dir durch dein jahrelanges Training bereits bekannt und trotzdem machst du immer wieder die Erfahrung, wie tief bestimmte Energien an einem Menschen wirken. Obwohl man sich dieser Mechanismen bewusst ist, schaffen sie es immer wieder, einen zu täuschen und aus der Bahn zu werfen. Scheinbar!

Schon wieder sage ich „scheinbar" – wie ich schon mehrmals gesagt habe, passiert nichts zufällig. Alles ist Erfahrung,

Die Absicht im Vertrauen zu leben

Erleben und Lernen. Auch in solch „verfahrenen" Augenblicken lernt man – und zwar eine Menge – über sich selbst und über die Wirksamkeit solcher Dinge und darüber, wie machtvoll das Potential ist, das dahintersteckt. Warum? Warum immer wieder der gleiche Kreis von Erfahrung, nur in anderen Schattierungen, in ein wenig abgewandelter Form? Was lernt man dabei?

Das Zauberwort heißt „Aufmerksamkeit". Es ist der Gegenpol zur Kontrolle. Es ist sehr „gefährlich",[14] wenn man diese zwei Begriffe miteinander verwechselt oder glaubt, sie drücken ein und dasselbe aus. Warum? Weil dem nicht so ist.

In einer Phase ihres Erwachens lernen bestimmte Gruppen von Menschen, dass Kontrolle ein Machtinstrument ist. Sie verschließen trotz ihres spirituellen Strebens und Glaubens an die göttlichen Gesetze die Kontrolle in der Schublade der „bösen" Dinge, so als gäbe es im Göttlichen irgendetwas, was Sinn hätte irgendwo eingesperrt, ausgeschlossen, verurteilt oder von anderen ferngehalten zu werden. Dass diese Menschen erst im langsamen Prozess des Erwachens sind, kann man gerade an diesem Verhalten sehen. Sie ahnen

---

14 *Anführungszeichen deswegen, weil in Wirklichkeit, wenn alles nur Erfahrung ist, nichts gefährlich sein kann*

schon irgendetwas „Großes", sie ahnen andere Gesetze als die weltlichen, aber sie denken noch im Gewohnten und täuschen sich dabei noch selbst im Glauben.

Könnte ich es, dann würde ich in die Welt rufen: Bitte, meine lieben Kinder, merkt euch, das Gute kann man nicht durch das Ignorieren, Wegsperren, Vernichten oder Ausrotten des Bösen wiederherstellen! Bitte, merkt es euch! Speichert es in euch. Tragt es vor euren Augen, in euren Ohren, im Gedächtnis. Lasst es durch euer Handeln und Tun wirken, das Wissen darüber, dass das Böse erst durch das menschliche Einordnen, durch das menschliche Urteilen und Werten, als solches entsteht. Ohne Programmierung, ohne „0" und „1", hat es doch einen neutralen Wert und alles, was als solches (schlecht, böse, …) erscheint, dient gerade der großartigen, einmaligen, letztendlichen Erfahrung, dass es nichts Böses in dieser Welt gibt außer der Vorstellung vom Bösen.

Und das Gute …?

Das Gute ist ein Thema für sich. Rein durch das menschliche Denken über das Gute wird das Böse oder das Schlechte oder das weniger Gute – als Gegenpol zum Guten – ausgedacht. Das ist die bekannte Polarität aller Dinge hier bei den Menschen. Das ist die Prüfung, der Weg zur Erkenntnis – zu sehen, zu erfahren, wie die Dinge hier entstehen und warum die heutige Welt so ist, wie sie ist oder zu sein scheint.

Sind wir nicht ein wenig vom Thema abgewichen? Ist es nicht ein wenig zu früh, um über das Gute und Böse zu sprechen?

Nein. Über diese Dinge soll man immer sprechen, weil man dieses Wissen immer und überall bei sich tragen soll. Es bereitet sicher zuerst Verwirrung, weil das menschliche Gehirn nicht anders als in Kategorien und Schubladen denken kann, aber nach und nach kann sich das Gehirn auch umprogrammieren, wenn der Mensch mehrere Erfahrungen aus diesem Wissen heraus macht. Gerade deswegen ist es wichtig, es sich ständig ins Bewusstsein zu rufen, um sich die Möglichkeit zu geben, die Welt und die Dinge, die Situationen, die Menschen immer wieder durch einen neutralen Filter anzuschauen.

Ich weiß, ich weiß, man kann das Hirn nicht gleich ausschalten, man kann nicht sofort alles komplett anders sehen, aber die Information ist da. Dadurch bekommt man die Chance, immer wieder auch durch ein kategorieloses Fenster zu beobachten. Mit der Zeit hat man die Möglichkeit zu wählen, aus welchem Fenster man die Welt betrachtet. Verstehst du?

Ja, aber was hat das mit meinen Kopfschmerzen zu tun?

Okay. Also schauen wir uns mal deine konkrete Sache an, wenn du erlaubst.

Ja bitte ...

Du hast etwas vor, arbeitest schon längere Zeit an einem Projekt. Und du glaubst, du hast es erst in der Zukunft vor und dass es sich im Augenblick nur um eine Vision handelt. Obwohl dir die Illusion von Zeit bekannt ist, denkst du trotzdem – aus Gewohnheit, wie sonst, und weil du nicht aufmerksam genug bist – , dass das Projekt, wenn alles gut geht, erst in der Zukunft zu Stande kommt. Eigentlich eine sehr seltsame Situation, wenn man bedenkt, wie du die Dinge sonst anschauen, durchleuchten kannst und welcher Ansichtsklarheit du fähig bist. Und trotzdem – eine klitzekleine Unaufmerksamkeit und schon bist du in eine Illusion gerutscht – in die Zeit.

Gestern Abend hat sich in dir etwas bewegt und du bist „der Sache" nähergekommen – deswegen heute der kleinere Druck im Kopf (in Wirklichkeit handelt es sich nicht

Die Absicht im Vertrauen zu leben

um Schmerz, sondern um Druck, der in deinem Fall als Schmerz empfunden wird). Aus der Bewegung heraus, die in dir stattfand, dachtest du zu erkennen, dass du dich in der Vergangenheit verfangen hast, aber aus der menschlichen Perspektive war es nicht die Vergangenheit, sondern die Zukunft. Die Richtung war schon okay … So oder so, du hast erkannt, dass du in die Illusion der „Zeit" gerutscht bist. Ob Vergangenheit oder Zukunft wäre fast egal gewesen, hätte in dir die Erkenntnis nicht erneute Verwirrung gestiftet. Einerseits hast du gespürt, dass du auf der richtigen Spur bist, anderseits konntest du nicht verstehen, warum du dich schon wieder in der Vergangenheit verfangen hast, wo du doch dieses Thema schon zigmal durchgekaut hast. Deine nächste Frage hat dann gelautet: Was sollst du noch alles mit der Vergangenheit tun, was hast du dort noch nicht erledigt und wieso bist du wieder dort gelandet – einfach so, willkürlich, ohne darüber Bescheid zu wissen? Ein „Teufelskreis" (So sagt man doch bei euch oder? Bitte jetzt nicht gleich denken, dass es, weil ich dieses Wort benutze, den Teufel wirklich gibt, ich versuche nur eure Sprache zu sprechen.), denn erst durch diese Idee von der Vergangenheit und der Beschäftigung damit hast du dich richtig dorthin verschoben. Durch die Spekulationen darüber, worum es da alles gehen könnte, was deine Kopfschmerzen verursacht, hast du regelrecht eine neue, nie da gewesene, mögliche Vergangenheit erschaffen. Aber ...! Gott sei Dank – und das ist jetzt wortwörtlich gemeint – hast du, bevor du dich noch tiefer verwickelt hast, nicht vergessen, dich aus der Sackgasse führen zu lassen, also – Gott sei Dank ist dir eingefallen, das Ganze sein zu lassen, es den göttlichen „Händen" zu übergeben und darauf zu vertrauen, dass das Optimale für dich geschieht. Du hast dich inmitten dieses verworrenen Zustandes besonnen und daran erinnert, dass es um Erfahrung geht, möglicherweise gerade um die Erfahrung einer Verwirrung und dass das, was du brauchst, die benötigte Information, ein Impuls, zum optimalen Zeitpunkt zu dir kommt und dir eine transformierte, erhöhte Einsicht ermöglicht.

Hinter so einer bewussten oder halbbewussten Erfahrung aus dem Vertrauen heraus stecken viele Jahre – wie ihr sagt – harter Arbeit. Überzeugung, Glauben, Vertrauen und Wissen erschafft man nicht durch Worte. Sich einfach zu sagen, ich vertraue der göttlichen Führung, heißt nicht viel. Es ist ein guter Anfang, aber man muss es spüren, man muss es leben, man muss es sein. Ich habe schon einmal etwas Wichtiges gesagt – die Absicht ist das was zählt. Zerbrecht euch nicht den Kopf darüber, wie ihr dazu kommt, das Vertrauen zu leben und es zu sein. Habt einfach nur die Absicht, es zu leben, alles andere passiert für euch in eurem

Die Absicht im Vertrauen zu leben

Tempo, auf eure eigene Art, zu eurer eigenen Zeit. Es wird wirklich – ich meine wirklich, wirklich – das Optimale für euch geschehen!

Aber nun zurück zu dir, meine Liebe. Entschuldige, dass ich hier kurz einen Ausflug zu unseren Lesern gemacht habe, aber in diesem Gespräch sind ein paar Dinge aufgetaucht, die ich betonen wollte.

Also, zurück zu deinem Kopfschmerz, besser gesagt zum Druck im Kopf. Wie du dir mittlerweile schon denken kannst, hat diesen Druck die Illusion der Zeit verursacht, in die du dich durch die Beschäftigung mit deinem Projekt verschoben hast. Du hast dich auf eine Ebene verschoben, wo alles in Zeit abläuft. Durch das Fragedenken, wie sich deine Vision wohl in der Zukunft entwickeln, was aus ihr werden wird, hast du dich mit Informationen/Energien verbunden, von denen du dir vorstellen konntest, dass sie in der Zukunft zum Tragen kommen werden. Und jetzt aufpassen nun wird es ein wenig kompliziert … Basierend worauf bitteschön, hast du dir vorstellen können, was in der Zukunft alles passieren kann? Ja genau, basierend auf deinen bisherigen Erfahrungen, auf der Vergangenheit. Also hast du gestern doch gar nicht so daneben gelegen, als du dachtest, dass du in die Vergangenheit (ab)gerutscht bist.

Der Versuch, sich eine Vision als fertiges, bereits materialisiertes Projekt vorzustellen, ist so gut wie unmöglich, vor allem dann, wenn die Durchführung noch eine Menge an zukünftigen Erfahrungsschritten vorsieht, die erst den Transport des geistigen Gedankens in das Physische ermöglichen. Andersherum gesehen könnte man auch sagen, dass die Vision als ein gedanklicher, geistiger Leitfaden für vielerlei Erfahrungen dient. Die Vision der Zukunft ermöglicht im Jetzt einen Schritt nach dem anderen zu gehen, aus der Vergangenheit heraus.

Und da kommen wir schon wieder zur Zeitillusion.

Anhand dieses Beispiels könnte man eigentlich erkennen, dass die Zukunft gar nicht existieren kann – außer der Vorstellung davon und diese basiert aber auf der Vergangenheit. Und wem, bitteschön, würde dieses Durcheinander nicht Kopfzerbrechen oder Kopfschmerzen bereiten? Welches Gehirn, glaubst du, ist für das Denken außerhalb der Zeit geschaffen? Die Illusion der Zeit ist da, um gewisse Erfahrungen in einer gewissen Zeitabfolge zu machen, damit nicht alles gleichzeitig passiert, damit der Mensch auch die Chance (Zeit) hat, sich bewusst zu werden, was gerade geschieht und damit, wenn nötig, die Abläufe verlangsamt bzw. beschleunigt werden können. Ob die Zeit aber auch

Die Absicht im Vertrauen zu leben

dazu da ist, um die Zukunft aus der Vergangenheit heraus zu erschaffen? Erschafft man dann nicht immer und immer wieder nur die Vergangenheit?

Die Menschen fragen sich oft, warum ihnen auf ihrem Weg immer das Gleiche begegnet. Warum wohl? Weil sie nichts anderes kennen. Weil sie erschaffen,[15] kreieren, etwas Besonderes hervorbringen, sich emporheben wollen, aber … viele beschäftigen sich unendlich mit dem Biegen und Manipulieren (Gestalten) der Projekte und der besten und verrücktesten Ideen aus den bereits erlebten, abgehakten vergangenen Erfahrungen heraus. Wieso will man immer wieder das erschaffen und also auch erfahren, was schon einmal da war?

Warum?

Weil man nichts anderes kennt? Weil es jeder so macht? Weil man es so gelernt hat? Weil bekannt? Weil bequem? Oder weil man es gewohnt ist …?

Wie machen das einige Menschen auf diesem Planeten, die plötzlich etwas Neues, noch nie Dagewesenes, entdecken, das plötzlich der gewohnten Denkweise den Rücken kehrt

---

15 Insgeheim will jeder Mensch erschaffen

oder eine Ohrfeige verpasst? Beharren solche Menschen auf „meine Eltern und Großeltern haben es schon so gemacht und gesagt …" – also auf Tradition? Folgen sie stets Lehrbüchern, „bewiesenen" Fakten, anerkannten Definitionen, Theorien und wissenschaftlichen Abhandlungen – oder kommen sie irgendwann an einen Punkt, wo sie plötzlich klar sehen, in dieser Richtung geht es nicht mehr weiter, dort gibt es nichts „Neues" mehr, dort gibt es nichts mehr zu schaffen (erschaffen). Warum sollte es das auch? Dort gibt es doch bereits alles, was bis dahin möglich war. Diese Menschen werfen meist eines Tages alles über Bord, alles Bisherige (Gelernte, Erfahrene …). Manchmal mag es kurzfristig sogar so aussehen, als ob sie aufgegeben hätten, als ob sie nichts mehr interessieren würde, als würden sie auf alles pfeifen.

Aber wen wundert's noch? Gerade da beginnt es interessant zu werden. Der Mensch will nichts mehr, erwartet nichts mehr. Er hält nicht mehr fest, klammert nicht mehr. Er hat losgelassen. Er ist ganz ohne Vorstellungen, er ist frei von Vergangenheit, bereit für etwas Neues. Tief in sich weiß er, er kann nicht/nichts verlieren. Egal ob er alles weggeworfen hat, alles was er braucht, was sein ist, ist/bleibt bei ihm. Und eines Tages passiert etwas, wie ein Fenster, das sich plötzlich öffnet, und der Mensch schaut „neuen" Ideen entgegen, die

Die Absicht im Vertrauen zu leben

er möglicherweise schon immer geahnt hat, die so simpel und sonnenklar sind, dass er nicht verstehen kann, warum er sie bis dahin nicht gesehen hat.

Meine Liebe, deine Absicht im Zusammenhang mit deinem Projekt war es ...

... sicherlich nicht, irgendetwas aus der Vergangenheit, das schon hundertmal durchgekaut wurde und sich schon überall befindet, zu erschaffen.

Und den Druck im Kopf hat verursacht ...

... die Ausrichtung auf die Zukunft, also die Zeit, aus dem Bestreben heraus, alles so gut wie möglich vorzubereiten, perfekt zu machen, alles durchdenken zu können, damit es ja was Gutes wird, gut funktioniert usw. ...

Und du hast dabei nicht gemerkt, ...

... dass das Projekt nicht in der Zukunft, sondern jetzt stattfindet und dass ich mich schon die ganze Zeit damit beschäftige ...

... und ... warum bist du in die Zeitillusion gerutscht?

Weil ich zuviel wollte, weil ich nicht aufmerksam genug war, weil mich die Möglichkeiten, die ich plötzlich wahrgenommen habe, überwältigt haben und losgaloppieren ließen?

Und warum also ist die Aufmerksamkeit wichtig?

Damit man die Ausrichtung und die Absicht nicht verliert, damit man im Vertrauen bleibt, damit man die Führung spürt ...

Also, warum begegnest du noch immer Erfahrungen, die dich scheinbar in eine Sackgasse (ver)führen oder aus der Bahn werfen?

Vielleicht, damit ich sehe, dass ich in meiner Aufmerksamkeit noch nicht sattelfest bin?

Gut gesagt. Und was ist die reine, neutrale Erfahrung, das Erleben dabei?

Ich erlebe mich, dass ich noch immer ablenkbar bin, aber ich erlebe mich auch, dass ich es merke und ich erlebe, dass – egal wo man sich verfahren hat – man eigentlich nie verfahren ist, es scheint nur so, weil ein Teil von mir immer wacht, sonst könnte ich nicht spüren bzw. ahnen, dass ich danebenliege.

Die Absicht im Vertrauen zu leben

Also gibt es in diesem Sinne kein „daneben", weil du eigentlich immer „dabei" bist – dabei, dich zu erfahren.

Ja, wahrscheinlich kann man es so sagen.

Gut; und noch ein Punkt, den wir heute am Anfang angesprochen haben: Warum ist Aufmerksamkeit nicht gleich Kontrolle? Warum ist es wichtig, hier zu unterscheiden?

Weil ich nur aus der Vergangenheit, aus meiner vergangenen Erfahrung heraus, kontrollieren kann und die Kontrolle besagt, dass ich irgendetwas so haben will, wie ich es mir vorstellen kann. Und die Aufmerksamkeit wirkt im Jetzt und ist dazu da, dass ich mich ausrichte, die Spur nicht verliere, weiß, wo ich jetzt bin und schaue, wie ich den nächsten Schritt setze und mich dabei führen lasse, damit auch das entstehen kann, von dem ich heute noch nicht weiß, wohin es führt, aber ich vertraue, dass die Richtung immer die Eine ist.

Ein wenig kompliziert, aber kann man durchgehen lassen.

Man kann auch sagen, die Kontrolle ist ein Machtinstrument, das dazu dient, letztendlich zu erfahren, dass man nicht alles kontrollieren kann und dass man nicht auf alles Macht ausüben kann, wohingegen die Aufmerksamkeit einem selbst dient. Jeder hat sie für sich selbst in der Hand, was der letztendlichen Erfahrung dient, sich in seiner ganzen Großartigkeit zu erfahren. Man erkennt die Alleinmacht, die Vollmacht, die man für sich selbst hat, in sich trägt, und die von niemandem manipuliert werden kann.

Und das ist für heute wirklich alles.

Danke, mein Körper schreit auch schon nach einer Pause.

Müdigkeit

Heute melde ich mich zu einer ungewöhnlichen Zeit. Es ist später Nachmittag und ich habe schon einiges getan. Ich habe bemerkt, dass es mir schwerfällt, mich noch auf ein Gespräch mit dir einzustimmen, sobald ich mich mit anderen Dingen beschäftigt habe. Mein Kopf ist dann voll mit Ideen zu anderen Tätigkeiten, die ich am Tage angefangen habe. In so einem Fall neige ich dazu, die „Sitzung" auf den nächsten Tag – wieder in der Früh – zu verschieben. Aber ich dachte mir, ich probiere es heute einmal. Ich spüre, dass ich unruhiger bin und dass die Kopfschmerzen, die ich beim letzten Mal beschrieben habe und die noch nicht gänzlich verschwunden sind, auch stärker werden. Wie siehst du mein Dilemma?

Ich sehe kein Dilemma. Es fehlt dir noch die Praxis, dir den Tag optimal einzuteilen, sodass es dich nicht Energie kostet, sondern Spaß macht und damit auch andere Erfahrungen als Müdigkeit, Mühsal oder Kopfschmerzen möglich sind.

Ach so?! Ist unsere menschliche Müdigkeit nicht automatisch mit bestimmten Tätigkeiten und Anstrengungen verbunden?

Ja und nein – wie immer. Ja – mit solchen, die man nicht freiwillig macht, bei denen man denkt, man muss sie machen oder auch bei solchen, die man aus lauter Gewohnheit macht, ohne einmal darüber nachzudenken, ob die Gewohnheit überhaupt noch Gültigkeit hat, ob die Tätigkeit nicht schon längst überholt ist. Und ... selbstverständlich auch bei Tätigkeiten, die zutiefst der eigenen inneren Einstellung widersprechen. Gäbe es die Müdigkeit nicht, welche Chance hätte ein „verfahrener" Mensch, eine ihn ermüdende Tätigkeit zu unterbrechen? Das Bedürfnis sich auszuruhen bietet doch offensichtlich eine Chance, zu sich zu kommen und das „Ding" neu zu überdenken bzw. sich endlich einmal zu fragen: „Warum macht mich dies oder das müde?" Sich so eine Frage zu stellen, das wäre schon ein wunderbarer Ansatz, mit dem Hinweis „Müdigkeit" auf eine bewusstere Art umzugehen.

Ein „Nein" – also Müdigkeit ist dann nicht automatisch mit einer bestimmten Tätigkeit verbunden – trifft dann zu, wenn man sich aus voller Überzeugung (nicht der illusorischen, sondern der EINEN) dem widmet, was da ist, zu dem man geführt wird. Wenn man noch dazu versteht, dass verschiedene Tätigkeiten dafür vorgesehen bzw. als Möglichkeit da sind, um sich auszuprobieren, um zu lernen und zu erkennen, können es plötzlich unzählige, scheinbar lapidare

Tätigkeiten sein, die einst Unverständnis und Mühsal hervorgerufen haben und die auf einmal „mit links" getan werden können. Ich glaube, so mancher Mensch wundert sich dann sehr darüber, warum ihm früher dieses und jenes so schwer gefallen ist und warum er plötzlich keinen Widerstand und keine Abneigung mehr verspürt.

Selbstverständlich gibt es auch Ausnahmen, die aber eigentlich keine Ausnahmen sind. Man braucht nur die Dinge richtig zu benennen und dann lichtet sich das Ganze ein wenig.

Fühl´ deswegen bitte mal nach und sag´ mir wieder einmal, wie du dich jetzt im Augenblick fühlst.

Na ja, wie immer, gerade wenn du fragst, ist es nicht so einfach. Aber schauen wir mal, was ich spüren kann:

Ich spüre einen Druck im Kopf, leichten Druck im Nacken, leichtes Brennen im Unterleib und Unklarheit im Geist bzw. Kopf – keine Ahnung, was von beiden zutrifft, weil eben Unklarheit. Und dann, wenn ich in mein Energiesystem reinschaue, sehe ich mich irgendwie aus der Mitte verschoben, so als würde ich, wie zuletzt erwähnt, neben mir stehen – wortwörtlich, nicht nur metaphorisch. Und dann ist da noch dieser krampfartige Schmerz in meiner linken Niere, den ich jetzt seit zwei Tagen habe, aber der ist im Moment nicht so dominant. Summa summarum fühle ich mich ziemlich lädiert – wie schon gesagt – unklar und daneben.

Ja, danke. Sehr ausführlich – aber wo ist die Müdigkeit?

Keine Ahnung, ich glaube, der oben beschriebene Zustand macht mich insgesamt müde. Aber als ich jetzt so nachgespürt habe, konnte ich selbstverständlich die Müdigkeit als solche nicht lokalisieren. Trotzdem, wenn ich an der Oberfläche bleibe und nicht den einzelnen Dingen nachgehe, dann glaube ich, dass ich mich müde fühle. Ich weiß nicht, wie ich den Zustand sonst benennen soll. Ich glaube, ich habe gelernt, diesen Zustand Müdigkeit zu nennen, und ich glaube sogar, wenn ich jetzt jemandem gegenüberstehen würde, der würde mich auch als müde beschreiben bzw. empfinden. Wie kann das sein, wenn die Müdigkeit nirgendwo ist?

Oh ja, die ist schon irgendwo und du hast es ganz schön beschrieben, wo sie ist. Sie ist in euren Köpfen. Man hat gelernt, müde zu sein. Man hat gelernt, Müdigkeit auszustrahlen, um irgendetwas zu signalisieren. Wie schon gesagt, die Müdigkeit ist bzw. sollte ein Hinweis sein. Nicht nur für die Umgebung, sondern vor allem für einen selbst.

Selbstignoranz erkennen

Man signalisiert sich selbst: „Hey, ich bin müde, da läuft etwas verkehrt. Da muss ich mich jetzt mal beruhigen, Pause machen, stehen bleiben und schauen, was es eigentlich ist, was mich müde macht …"

Meine lieben Kinder, würdet ihr euch nur ab und zu mal eure Müdigkeit ansehen, würdet ihr staunen, was für Botschaften ihr euch selbst zu übermitteln versucht und was es eigentlich ist, was euch an einer bestimmten Tätigkeit, einer Sache, an einem bestimmten Menschen müde macht.

Vergesst nicht, nichts ist zufällig und nichts ist umsonst – die Müdigkeit auch nicht. Werdet euch eurer Müdigkeit bewusst. Nützt sie, wofür sie gedacht ist und ihr werdet Wunderbares erleben. Versucht nicht sie zu ignorieren, versucht nicht auszuhalten, durchzuhalten, die Müdigkeit auszuschalten, zu übergehen oder euch mit Hilfsmittel aufzuputschen, um sie nicht zu spüren!

Ignoriert ihr die Müdigkeit – ignoriert ihr euch selbst!

Wow, ein scheinbar so unscheinbarer Zustand – wer beklagt sich heutzutage, nur weil er müde ist? –, der deinen Worten nach aber sehr wichtig zu sein scheint. Haben die Menschen nicht größere Sorgen? Krankheiten, Schmerzen, Ängste,

Müdigkeit

Schuldgefühle usw. – was ist im Vergleich dazu schon Müdigkeit? Da kann man sich doch ausschlafen, von ihr ausruhen, regenerieren ...

Gottseidank weiß ich, dass du diese Bemerkung nicht ernst meinst. Sonst müsste ich fragen, was mit deinen früheren Müdigkeitszuständen war, als du so geschwächt warst, dass du kaum die Stiegen alleine runtersteigen oder nicht einmal aus dem Bett aufstehen konntest. Und du weißt, da war nichts mit ausschlafen, ganz im Gegenteil, die Müdigkeit war so groß, dass dir scheinbar die Kraft zum Einschlafen gefehlt hat. Also, so einfach ist es mit der Müdigkeit doch nicht und so harmlos wie sie scheint, ist sie auch nicht, auch wenn sie eigentlich, wie wir schon gesagt haben, nicht gibt.
Sie kann nicht harmlos sein, so wie nichts, was in eurem Leben passiert, was mit euch passiert, harmlos ist, wenn man mit harmlos eigentlich „nicht wichtig" bzw. „unbedeutend" meint. Da wären wir schon wieder im Einordnen, im In-Schubladen-Denken und Werten. Das würde besagen, dass im Leben Dinge passieren und dass es Situationen gibt, die wichtiger oder weniger wichtig sind. Und das hatten wir hier schon mal, die Wichtigkeit. Aber eine Wiederholung kann in diesem Fall nicht schaden – also:
Alles, was im Leben „passiert", geschieht deswegen, weil es aus irgendeinem Grund gerade das Optimale ist.

Trotzdem, wenn ich mich nicht täusche, hast du vorhin erwähnt – das klang so geheimnisvoll –, dass man die Dinge mit dem richtigen Namen benennen soll – und da dachte ich mir, es kommt vielleicht noch irgendetwas, was die Müdigkeit noch mehr enthüllt.

Noch mehr kann man auf diesem Wege die Müdigkeit nicht enthüllen, man kann sich nur anschauen, was Müdigkeit wirklich ist und was nur als Müdigkeit erscheint.

Das klingt interessant ...

Also, wenn du erlaubst, komme ich noch einmal zurück zu deinem Zustand, von dem du, wenn du nicht in voller Aufmerksamkeit bist, geneigt bist zu glauben, dass es die Müdigkeit ist.

Schon jetzt hast du einen Aspekt bemerkt – „wenn du nicht in voller Aufmerksamkeit bist" ... Wenn du dich konzentriert hast bzw. in bewusste Aufmerksamkeit zu dir selbst gegangen bist, hast du alles andere, nur nicht die Müdigkeit, gefunden. Aber, wie du weißt, kennst du auch sehr, sehr müde Zustände, die ich an dieser Stelle weiterhin als „müde" bezeichnen will. Du musst jetzt aufpassen, weil du dir über dieses Thema noch nicht viele Gedanken gemacht hast.

Müdigkeit

Ich spüre, dass ich langsam den Faden zu dir verliere – warum?

Es ist nicht einfach, dieses Thema abzuhandeln. Wir müssen es noch kurz von einer anderen Seite betrachten:

Wie glaubst du vorgehen zu müssen, wenn du glaubst, müde zu sein?

Ich persönlich?

Ja genau.

Gute Frage. Wie glaube ich persönlich vorgehen zu müssen, wenn ich glaube, müde zu sein ...

Ich weiß nicht, ich glaube, ich stehe richtig auf der Leitung. Irgendetwas lässt mich deine Frage fast nicht verstehen. Etwas kommt bei mir nicht an.

Das ist gut so. Danke, dass du diesen Zustand beschrieben hast. Vielen Menschen geht es so, wenn sie an einen Punkt kommen, der sie persönlich betrifft, der gerade „DAS THEMA" ist. Irgendetwas sperrt sich, man steht wie ausradiert vor einer Mauer und sieht vielleicht seinem Gegenüber zu, wie er den Mund auf- und zumacht, aber man versteht nur „Bahnhof" und kriegt beim besten Willen nichts mit. So ähnlich gestaltet es sich auch oft beim Bücherlesen, man merkt plötzlich, dass man an einer halben Seite „vorbeigelesen" hat oder man liest einen Satz dreimal und er bleibt noch immer ein Rätsel, obwohl man spürt, man müsste ihn verstehen – der Verstand scheint immer an der gleichen Stelle auszusetzen.

Also bitte nicht abschrecken lassen, das ist völlig normal. Jeder stößt immer wieder an seine gedachte Grenze und tritt hilflos auf der Stelle, bis er merkt, dass die Grenze nur eine Illusion ist, so etwas wie eine Gedankenlinie, die man sich einmal gemacht hat, um sich den Horizont näher herzuholen, um von der großen Weite nicht überfordert zu sein.

Meine Liebe, deine heutige Müdigkeit ist nicht die klassische Müdigkeit als solche. Du spürst es ja selbst. Du hast heute schon gearbeitet, du warst einige Kilometer spazieren, du hast Hausarbeit gemacht und jetzt schreibst du noch.

Das, was du als Müdigkeit bezeichnest, sind Prozesse, die dein Körper durchläuft, während du im Bewusstwerden bist. Körper und Geist sind in ständiger Transformation, minütlich verändert sich so einiges bei/in dir, viele neue Informationen fließen ein, viele alte fließen ab. Dies kann für

Müdigkeit

den Körper, für den Menschen, ziemlich anstrengend sein. Hier zwickt es, da brennt und drückt es. Sich lösende Wolken von vergangenen Unklarheiten und Verwirrungen verschleiern für kurze Zeit die freie Sicht, bis sie sich aus dem neu gewonnenen Bewusstsein, der aktuellen Ansicht/Einsicht, transformieren. Klar ist es kein angenehmer Zustand, weil man innerlich, auch wenn man sich dessen nicht immer bewusst ist, dauernd mit diesem Informationsaustausch beschäftigt ist. Nicht alle Informationen, nicht jedes innere Geschehen, müssen/sollen ins Tagesbewusstsein einfließen. Dieser Prozess kann ganz schön ermüdend sein, aber ich würde lieber das Wort „anstrengend" benutzen. Warum? Weil das, was anstrengend ist, ist das Wiederauftauchen von Altem und Unklarem, aber dieser Prozess ist eigentlich transformierend, befreiend, klärend – ihr würdet auch sagen heilend – und auch wenn man sich dessen nicht immer bewusst ist, freut man sich darüber. Das Herz lacht, die Seele dankt. Also, wie man sieht, ist es nicht irgendetwas, das einem widerstrebt oder nach Aufhören, nach Pause machen, schreit – eher umgekehrt.

Um Verwechslungen zu vermeiden, kann eines helfen – zu schauen und in sich hineinzuspüren, ob das Herz müde ist, ob die Seele genug hat oder ob es gerade für den Menschen schmerzlich, brenzlig, anstrengend ist. Erkennt und versteht man dieses, kann man selbst als Seele (aus der Seele heraus) sich selbst als Mensch (dem Menschen) eine Pause gönnen und trotz des Eifers vielleicht für eine Weile einen Gang zurückschalten, damit der Mensch wieder Luft bekommt, damit er sich ein wenig umschauen, zu SICH kommen kann.

Sich selbst unter dem menschlichen Aspekt zu sehen und anzunehmen, rücksichtsvoll sich selbst gegenüber zu werden, das ist ein großes Geschenk, das man sich selbst machen kann.

Und wir sind für heute wieder fertig. Einen wunderschönen Abend und eine gute Nacht wünsche ich.

Danke!

Individualität

Wunderschönen Tag wünsche ich uns. Gestern schien mich das Müdigkeitsthema richtig müde gemacht zu haben. ☺
Am Abend legte ich mich in die Badewanne und kippte regelrecht in einen angenehmen, halb bewusstlosen Zustand. Alles um mich ist verschwunden, ich spürte meinen Körper nicht, das heißt, alle Wehwehchen sind gewichen und nicht einmal das Wasser, das langsam kälter wurde, habe ich gefühlt. Ein schwereloser, herrlicher Zustand, jenseits aller Gedanken. Ein Schlaf und doch kein Schlaf. Es schien, als wäre nicht einmal der Wille da, irgendwann wieder aufzuwachen und aus der Badewanne aufzustehen. Einen zeitlosen Augenblick später fühlte ich mich wie neugeboren, regeneriert und angenehm müde. Es war eine andere, behaglichere Müdigkeit. Und dann schlich ich mich völlig zufrieden ins Bett und schlief bis in die Früh ganz wunderbar. Und nach dem Aufwachen waren meine Kopfschmerzen und all die anderen Unannehmlichkeiten der letzten Tage weg. Der Geist war geklärt, die Wolken vor den Augen verschwunden. Und ich – frisch und munter.
In der Badewanne, in diesem seltsamen Schwebezustand, habe ich eines verstanden – das was müde war, wirklich sehr

müde, war mein Geist. Deswegen ist dieses völlige Abschalten so wunderbar gewesen. Ich weiß, dass ihr mich irgendwohin mitgenommen habt, irgendwohin, wo für mich dieser heilsame Friede und Entspannung im völligen Vertrauen möglich waren, weil ich euch darum gebeten habe. Danke!

Was mich seitdem beschäftigt, ist noch immer das Müdigkeitsthema, weil es mir nach dieser Erfahrung so erscheint, als hätte ich gestern die Müdigkeit doch gefunden – im Geist. Er schien müde zu sein. Ist das möglich?

Meine Liebe, die Zeiten der völligen Erholung und Entspannung in dieser Welt sind endgültig vorbei. Die Welt hier auf der Erde ist mit Informationen überflutet. Die unaufhaltsame und schnelle Verbreitung von drahtlosem Informationsaustausch verbessert diese Lage nicht. Heutzutage gibt es auf dieser Erde kaum mehr eine Ecke, wo Stille, Ruhe und Frieden herrschen, auch wenn so manches vielleicht auf den ersten Blick noch so scheinen mag. Auch für diese nur scheinbar ruhigen Plätze müsste man dankbar sein. Und deswegen – wenn man sich wirklich von der Flut an unnötigen, ständig durch einen selbst und durch seine Umgebung fließenden Informationen erholen will, muss man an einen Ort ausweichen, wo dies möglich ist. Wie schon erwähnt, gibt es so einen Ort auf der Erde nicht mehr. Aber im Geiste ist alles möglich! Es ist auch möglich, sich im Geiste an einen ruhigen Ort zu verschieben, an einen Ort, wo die idealen Bedingungen herrschen, um sich zu regenerieren und wieder Abstand zu dieser, mit vielen sich wiederholenden, sich multiplizierenden „Unnötigkeiten" überfluteten Welt zu gewinnen.

Und du hast Recht. Du hast es gestern richtig erkannt, der Geist war müde. Wie geht das? Wieso kann der Geist müde sein?

Wie schon bemerkt, es ist eine andere Müdigkeit als die körperliche. Es ist ein Zustand der Geistesverzweiflung, wo sich der Geist gezwungen sieht, sich ununterbrochen in Aufmerksamkeit und Konzertration zu üben, um aus der Flut an Informationen das herauszufiltern, was brauchbar ist, ohne sich darin zu verlieren oder davon ablenken zu lassen. „Der Geist" fühlt sich unglücklich, weil er das Gefühl hat, nicht in eigener Sache weiterzukommen, sondern in einem Meer von den eben erwähnten Unnötigkeiten zu ertrinken; und wenn doch ein Weiterkommen möglich ist, dann nur sehr langsam und beschwerlich. Und kaum wurde ein wenig Klarheit gewonnen, da droht beim nächsten Schritt erneut das Versinken. An diesem Punkt stellt sich die Frage – warum fühlt ein Geist überhaupt? Warum denkt ein

Geist wie ein Mensch? Warum findet er Dinge beschwerlich und mühsam? Warum will er sich nicht verlieren, nicht versinken? Kann das der EINE große Geist sein, mit dem wir alle verbunden, eins sein sollen? Der Allwissende, der Allliebende? Der, in dessen Welt immer Friede und Freude herrschen? Der immer weiß, dass alles in Ordnung ist?

Also, solch ein Geist kann es der Logik nach höchstwahrscheinlich nicht sein. Aber was für ein Geist ist es dann, der so müde und verzweifelt wird?

Das ist eben die Frage. Deswegen habe ich mich gestern gewundert, aber irgendetwas ließ mich erkennen, dass es sich doch um den Geist und nicht zum Beispiel um den Verstand oder Kopf oder um das Gehirn handelt. Vielleicht habe ich es falsch benannt? Geht es überhaupt in die Richtung des Geistigen?

Aus menschlicher Sicht kann man wohl bei dem Begriff „Geist" bleiben, da sind uns seitens der Sprache die Hände gebunden. Aber es ist nicht der EINE Geist – noch nicht. Es ist ein Teil davon, der sich zu sehr ins Menschliche „verguckt" hat, der sich mit dem Menschlichen identifiziert, durch die menschliche Welt definiert hat. Deswegen drückt er sich auch mit menschlichen Mitteln, wie zum Beispiel

Müdigkeit und Verzweiflung, aus. Er macht einfach auf sich aufmerksam – dieser Teil. Vielleicht, weil man ihn vergessen hat oder einfach, weil er überfordert ist und sich im Moment nicht auskennt. Er ist andauernd mit Informationen aus zumindest zwei Welten konfrontiert – der irdischen hier und dann seiner Heimat, seinem Ursprung, mit der bzw. dem er, wie sollte es sonst sein, immer verbunden ist. Aber …!

Das alles ist nicht so schlimm wie es sich anhört. Dieser vermenschlichte Geist neigt dazu, sich Vorwürfe zu machen, dass er sich zu sehr vermenschlicht hat, zu sehr identifiziert hat usw. Das ist aber total verdreht. Ein Gedankenfehler, circa so, als würde sich ein hervorragender Schauspieler den Vorwurf machen, dass er sich auf der Bühne zu sehr in die Rolle hineingelebt hat.

Ich habe schon gesagt – es gibt keine Zufälle, also ist es auch kein Zufall, dass der Geist oder ein Teil des Geistes vermenschlicht wurde. Wie hätte er sonst all die Erfahrungen machen sollen? Wie könnte ein Schauspieler seine Rolle vor dem großen Publikum spielen, würde er – statt an die Rolle – die ganze Zeit nur daran denken, dass er in Wirklichkeit nicht die Figur aus dem Stück ist, dass er in Wirklichkeit nicht einmal ein Schauspieler ist, sondern

Individualität

Ehemann, Familienvater, Sohn und was weiß ich, was einem Menschen noch so einfallen könnte ...? Wenn er seine Prioritäten setzen würde oder nicht einmal das, sich einfach nur denken würde: „Ich bin doch ich und sonst nichts. Ich spiele zwar eine Rolle, aber lasst mich in Ruhe, ich bin nicht die Rolle, ich bin ich." Wozu wäre so ein Mensch dann überhaupt Schauspieler? Ein Mensch, der leidenschaftlich gerne schauspielert, ist doch meistens jemand, der es mag, in verschiedene Rollen zu schlüpfen, sich in ihnen auszuprobieren, sich in ihnen zu erfahren. So ein Schauspieler macht sich nach dem Stück keinerlei Gedanken: „Hops, da habe ich mich aber zu sehr hineingesteigert, das war nicht gut, da habe ich mich fast verloren ..." Meistens freut sich solch ein Schauspieler, wie gut es ihm gelungen ist, einen interessanten Charakter zu erforschen, zu erspüren. In vielen Fällen fühlt er sich bereichert, als hätte er in der kurzen Zeit auf der Bühne eine Erfahrung in einer völlig neuen Welt gemacht, die ihm dann die Möglichkeit bietet, die eigene, die „wahre" Welt aus einer neu gewonnenen Perspektive zu betrachten.

Selbstverständlich gibt es auch Schauspieler, welche die Schauspielerei nur als Job, als Möglichkeit Kohle zu machen, sehen. Solche Menschen gehen, nachdem der Vorhang gefallen ist und die Lichter ausgegangen sind, nach Hause

Im Geiste ist alles möglich

und denken: „Die Erfahrung, die ich gemacht habe, war nicht wahr, sie war nicht echt, das war doch nur ein Schauspiel." Punkt – aus – basta. Eigentlich schade, weil sie versuchen, das eben Erfahrene auszublenden und zu verdrängen, um zu Hause wieder die Rolle des Vaters oder Ehemannes gut spielen zu können.

Spiel ist Spiel – ob auf der Theaterbühne oder auf der Weltbühne bzw. der Bühne des Lebens.

Das müsste der Geist erkennen, dass er nichts Schlechtes gemacht hat, wenn er gespielt hat oder noch spielt, und wenn er die Kulissen für wahr gehalten hat. Schon allein diese Erkenntnis oder Erlaubnis würde eine ungeheure Entspannung bringen.

Ist es einigermaßen anschaulich, was ich meine?

Ich bin mir nicht ganz sicher. Ich versuche es gerade nachzuvollziehen, aber es ist für mich sehr schwierig, mich überhaupt als Geist oder so etwas Ähnliches zu sehen. Ich weiß, ich weiß, es geht nicht um den Geist als Gespenst, sondern um die geistige Energie, um das geistige Wesen. Aber trotzdem erscheint es mir für uns Menschen auf dem Weg des Erwachens als sehr verwirrend, wenn so viele Dinge auftauchen.

In einem Moment ist man einfach nur ein Mensch, dann hat man plötzlich die Seele, den Geist, den Körper, das Energiefeld und was weiß ich, worauf man in vielen spirituellen Kursen oder Büchern noch so stößt.

Einerseits soll man wieder zur Einheit finden, andererseits habe ich das Gefühl, als würde man zu diesem Zeitpunkt erst so richtig damit beginnen, sich zu zerstückeln, in verschiedene Teile zu splitten, die man seinen eigenen Vorstellungen nach (die, wie wir schon wissen, auf den vergangenen Erfahrungen basieren) überhaupt erst erschafft.

Ich denke mir, ich habe als Mensch auch ganz gut „funktioniert", bevor ich (ich wurde ja richtig sozialistisch, also atheistisch und materialistisch, erzogen – glaubt man) etwas von Gott, Seele und Geist gehört habe; von Chakren, Energiebahnen, Energiesystem und von einer geistigen bzw. göttlichen Führung ganz zu schweigen. Klar hatte ich immer das Gefühl, dass nicht alles so stimmt, wie es sich darstellt, dass es da etwas anderes geben muss – aber ich war ich, so wie ich war und wie ich lebte. Und dann irgendwann – dann war ich auf einmal Mensch, dann kam die Frau, dann der Ausländerstatus, dann las ich über die Seele, dann wieder tauchte der Geist auf, und außerdem hatte ich zu alldem noch einen Körper und sogar ein Ego, das gar nicht gut war und das ich erlösen sollte.

Ich weiß gar nicht, was ich an dieser Stelle nun fragen will ... Vielleicht ist es nur eine Beschwerde, aber an wen und wohin soll ich sie richten? Was bin ich jetzt? Bin ich nicht mehr einfach ich? War ich es je? Und wer fragt das alles? Ich? Der Verstand? Das Gehirn? Der Kopf? Das Ego? Der Geist? Die Seele?

Wie wäre es mit dieser Möglichkeit: Alles oben Genannte, alles zusammen, all das bist du – oder aber auch nichts davon. Es kommt darauf an, woher du die Informationen hast und wie weit du dich mit ihnen identifiziert hast, wie weit du sie verinnerlicht und für dein Eigenes genommen hast.

Dieses Thema – wer oder was ein Mensch ist – ist ja nicht besonders einfach zu erklären. Obwohl es dann wieder einfach ist, nur bleibt es für den Menschen, bis er soweit ist es zu verstehen, verwirrend und verschleiert. Es ist ein Thema, das die Menschen seit Ewigkeiten beschäftigt, weswegen eigentlich all die Rollen auf der Bühne erst entstehen, ausprobiert werden; um zu erfahren oder besser zu verstehen, wer oder was man ist.

Das Problem ist, solange ein Mensch glaubt, dass er eine Rolle spielen kann, die mit ihm nichts zu tun hat, die ihn nicht widerspiegelt, solange kann er sich selbst nicht bewusst erfahren. Und darum geht es aber – um diese bewusste

Erfahrung und Erkenntnis, dass man immer man selbst ist. Dann könnte die Suche nach der „auf den Leib geschriebenen Rolle", einer Rolle, die einen widerspiegelt, aufhören, weil man sich doch in jeder Rolle spiegelt.

Wie kann es sein, dass ein Mensch, wenn er beispielsweise nur nach einem Skript, einem Drehbuch, sein Bestes gibt, die Anweisungen des Regisseurs und der ganzen Crew zu befolgen versucht, um eigentlich das Bild, die Idee, die Vorstellung des Drehbuchautors und des Regisseurs zu visualisieren, trotzdem sich selbst und nicht irgendeine andere Person erfahren soll?

Das ist ganz einfach und lässt sich anhand des folgenden Beispiels erklären: Man nimmt, sagen wir mal, zwei oder zehn oder zwanzig oder hundert oder noch mehr Menschen und lässt sie unter völlig gleichen Bedingungen die gleiche Rolle spielen. Was wird das Ergebnis sein? Trotz der gleichen Kulisse, der gleichen Schauspielkollegen, des gleichen Publikums, der gleichen Beleuchtung, des gleichen Drehbuches und des gleichen Regisseurs wird jedes einzelne Spiel durch diese eine, immer wechselnde, Person individualisiert. Es bekommt eine eigene Note, egal wie sehr sich der Schauspieler auch anstrengt, gleich wie die anderen zu sein, egal wie viele Wochen alle vorher in einem gemeinsamen Camp trainiert haben, um sich zu ähneln, sich abzugleichen. Die Individualität bleibt, auch wenn man sie zu unterdrücken versucht, weil ...

... jeder einzelne reagiert von sich aus auf jede, wirklich jede Situation, also auch auf eine Rolle, die man einem fremden Skript nachspielt, entsprechend seiner eigenen Individualisierung. Und das macht die Menschen aus: die Individualität, die Vielfalt.

Ja schön, da sind wir aber gleich bei dem nächsten Problem. Man sagt doch - spirituell gesehen - , dass wir letztendlich alle gleich, sprich eins sind oder eins sein sollen, dass wir aus der gleichen Quelle, von dem EINEN stammen; also müsste eigentlich, der Logik nach, der Weg des Erwachens, der Bewusstseinstransformation oder der Weg nach Hause - wie man es auch nennen mag - zum Verlust der Individualität führen. Wir müssten irgendwie, um auf das Theaterstück zurückzukommen, letztendlich alle die eine Rolle gleich spielen können, ohne dass ein Unterschied merkbar wäre, oder?

Wäre das aber nicht fad? Was ist mit den Attributen der Göttlichkeit/des Göttlichen - der Fülle und der Vielfalt? Hast du schon aus irgendeiner Quelle gehört, dass das

Göttliche eintönig und fad wäre? Das Göttliche soll doch das Leben und die Freude und die Liebe sein, nicht wahr?

Wir lassen es für heute mit der letzten Frage einfach so im Raum stehen, um dem Nachsinnen noch Raum zu lassen. Schönen Tag noch!

EILE

Heute spüre ich, dass das Ende unserer Gespräche in dieser schriftlichen Form naht, und ich bin ein wenig verwirrt, weil mir noch so viele Themen/Fragen im Kopf herumschwirren. Irgendetwas in mir glaubt, dass dies das letzte Kapitel sein wird, und ich weiß nicht, wie ich jetzt all die restlichen Fragen in dieses Kapitel reinbringen soll. Gibt es vielleicht für all die übrig gebliebenen Themen irgendeinen Überbegriff, ein übergeordnetes Thema, das all die anderen beinhaltet, sie zusammenfasst? Und ist es überhaupt notwendig – „wichtig"?

Meine Liebe, ich fühle mit dir und mit deinem Bedürfnis, der ganzen Sache – unseren Gesprächen – einen „königlichen" Abschluss zu geben, eine saubere Arbeit ohne unbeantwortete, offene Fragen zu hinterlassen. Ihr nennt diesen Trieb oft Perfektionismus, obwohl es in diesem Fall meiner Meinung nach nicht Perfektionismus, sondern ein „natürlicher" menschlicher Trieb ist, allem was man tut, eine ordentliche, funktionstüchtige, ansprechende, brauchbare Form zu verpassen.
Es ist eines von vielen menschlichen Bedürfnissen, welches eine Art persönlichen, wie zuletzt besprochenen

– individuellen Ausdruck ermöglichen soll. Übersetzt heißt es – sich in der Materie so mitzuteilen, wie man ist, damit man sich selbst in der eigenen Erschaffung erkennt. Und wie du gewiss schon ahnst, hat dieses Bedürfnis wiederum mit der Suche nach sich selbst zu tun. Ein ganzes Leben lang (für die Fans der Reinkarnation – viele Leben lang) versucht sich, übt sich ein Mensch im Erschaffen von irgendetwas, das ihm sein gesamtes Selbst, das er aus sich heraus nicht erfassen kann, widerspiegelt. Und da komme ich schon zu einem Punkt, einem Kernproblem des Mensch-Seins auf der irdischen Ebene – wie manche vielleicht sagen würden.

Viele von euch eilen von einem Ding zum anderen, untersuchen, prüfen, forschen, lernen, experimentieren usw., was das Zeug hält – mit Betonung auf „eilen"! Ihr eilt, als hättet ihr nur eine gewisse Zeit zur Verfügung, als hättet ihr einen Plan zu erfüllen, gewisse Punkte abzuhaken. Und wenn ihr das nicht schafft, dann habt ihr das Gefühl, alles – all die Mühe – ist umsonst gewesen oder … noch schlimmer, dann ist alles (wahrscheinlich das Leben oder irgendetwas Unbestimmtes, Unfassbares oder was auch immer man an diesem Punkt als „alles" bezeichnet) unwiderruflich vorbei. Aus und vorbei. Für immer! Keine zweite Chance … kein Neuanfang … keine Wiederholung …

keine Verbesserungsmöglichkeit ... kein Widerrufen ... kein aufgrund des Erkennens von eigenen Fehlern es noch einmal – besser, fehlerlos – machen. Nein, nichts dergleichen!

Aus und vorbei! Ein für alle Mal! Sonst ...

Was schwebt euch so in den Köpfen herum, was glaubt ihr, droht sonst ...?

Verdammung? Keine Rückkehr ins Paradies? Kein Nachhausegehen? Keine Wiederaufnahme vom liebenden Vater in seine Schäfchenschar?

Das alles, all diese Befürchtungen, stecken in jedem von euch, meine lieben Menschenkinder – ob ihr es glaubt oder nicht, ob ihr es wisst oder nicht, ob ihr damit etwas anfangen könnt oder nicht. Jeder von euch, unabhängig von Rasse, Nation, Geschlecht, Beruf oder Berufung und seinem Alter, hat diese Befürchtung und Sorge mit der Muttermilch in sich aufgesogen (so sagt man es doch?!), obwohl – ihr werdet staunen – auch diejenigen, die keine Muttermilch von Anfang an bekommen haben, von diesem „plagenden" Gedanken betroffen sind. Warum das so ist, ist nicht das Thema dieses Buches. Und was man damit tun kann/könnte – damit beschäftigt sich das ganze Buch in und zwischen den Zeilen. Was sollte damit zu tun sein – als es zu erfahren(?!), meine Lieben ...

Erfahren !!!

Erfahren und Erfahrung ist das, was ich mehrmals auf diesen wunderbaren Seiten angesprochen habe. Seiten, die uns ermöglicht haben, gemeinsam ins Gespräch zu kommen und mehrere Themen zu be-/erleuchten. Ich erwähnte die Möglichkeit der bewussteren Erfahrung eures Selbst, eures Lebens, eurer Umgebung sowie der Rollen, die ihr auf den verschiedenen Bühnen ausprobiert, mit dem Wissen, dass die Eile, der Druck, die Angst, das Schuldgefühl und Selbstvorwürfe genauso Erfahrungsebenen darstellen und möglicherweise dem Drehbuch entspringen. Das Vertrauen, dass ihr in keiner Situation verloren seid, dass ihr ununterbrochen betreut werdet – jeder von euch, es gibt da kein „schwarzes Schaf" – , hilft sich auf der Erfahrungsebene lockerer und mit offenen Augen, ohne den Kopf in den Sand zu stecken, zu bewegen.

Auch wenn ihr die (innere) Führung noch nicht spürt, scheinbar nichts von ihr ahnt (das gehört eine Zeit lang zum Spiel), kommt für jeden die Zeit, wo er geweckt wird – jeder entsprechend seiner eigenen, individuellen Art.

VERTRAUEN

Vertrauen ist das, worin ihr euch in der nächsten Zeit üben könnt. Egal wo ihr hingeht, was ihr sprecht, wem ihr begegnet.

AUFMERKSAMKEIT

Aufmerksamkeit, mit Vertrauen gepaart, ist der nächste Schritt der Lebensübung. Aufmerksamkeit statt Kontrolle.

ABSICHT

Ihr erinnert euch doch, was ich euch mehrmals ans Herz gelegt habe, oder? Absicht ist der halbe, wenn nicht der ganze Weg. Alleine die Absicht zu vertrauen, die Absicht aufmerksam zu sein, bringt Erleichterung statt Druck. Die Absicht nicht zu kontrollieren, nicht zu manipulieren, nicht mehr über andere Macht ausüben zu wollen, zieht einen optimalen Lehrplan nach sich, der einen optimalen, transformierenden, heilenden, einsichtigen Unterricht ermöglicht. Wie gesagt, die Absicht verrät, was zu tun ist. Bei manchen Fleißigen, schnell Nachhause-Wollenden und Eilenden kann es an dieser Stelle wieder mal zu Verwirrung kommen. Ihr steht vor einer Mauer, tretet verblüfft auf der Stelle und wiederholt mit zusammengeschlagenen Händen, vielleicht mit einem Gebet, gen Himmel: „Ja, ich will vertrauen, ich will aufmerksam sein, aber wie mache ich das, was muss ich tun?" Und keiner weiß so recht, wohin er den nächsten Schritt setzen soll. Aus dieser Verwirrung heraus vergisst man sogar, wie das einfache Gehen, wie das Voranschreiten funktioniert. Lasst euch nicht täuschen von eurem Verstand, von eurer Gewohnheit, immer etwas tun zu wollen. Es ist nichts zu tun – nicht im gewohnten Sinne.

Sich der eigenen Absicht im eigenen Tun bewusst zu werden – das ist die dritte Übung. Die Absicht, gepaart mit Vertrauen und Aufmerksamkeit, ergibt ein schönes Bild, eine neue Lebensqualität, eine neue Lebendigkeit, eine neue Farbe in eurer Welt.

Eine feine Energie, eine feine Schwingung, tritt näher heran. Zuerst zart, kaum wahrnehmbar, damit ihr euch nicht erschreckt, und dann immer spürbarer, immer wahrnehmbarer, während ihr nichts anderes tut als eure alltäglichen Dinge aus der vertrauensvollen, aufmerksamen und absichtsvollen Perspektive zu betrachten.

Die vierte Übung ist in den vorherigen Kapiteln nicht wirklich besprochen worden, also tun sie jetzt die Augen und auch Ohren noch einen Augenblick lang offen halten:

GESCHWINDIGKEIT

Ihr übt euch bereits darin bzw. werdet bald beabsichtigen, eure individuelle, eurem Entwicklungsstand entsprechende Geschwindigkeit statt des ewigen, normalen und gewohnten Eilens zu finden und zu spüren.

Dies ist keine leichte Übung und setzt schon die drei vorherigen Übungen und die Auseinandersetzung damit voraus.

Warum gerade Geschwindigkeit?

Die globalisierte Welt um euch wird immer schneller. Eine kaum je dagewesene Beschleunigung tritt zu Tage und es gibt kaum einen Lebensbereich, der davon nicht betroffen wäre. Wie schon gesagt, Billiarden und mehr an Informationen schwirren um euch und durch euch. Alles wird schnelllebiger, andererseits altert dadurch auch alles rascher – das, was gestern noch eine wahnsinnige Neuerung, eine sensationelle Erfindung war und eine bahnbrechende Geschwindigkeit hatte, ist übermorgen schon ein lahmes Abfallprodukt, das von einem neuen, noch schnelleren abgelöst wird. Kaum jemand kennt sich noch aus und durchblickt dieses Geschehen. Alle braven Schäfchen versuchen, dem bewegten Geschehen entsprechend, schneller zu werden, mitzukommen, mitzuhalten und trainieren sich sittsam im Eilen, um letztendlich nicht ganz hinten, am Ende, alleine und unglücklich, zu humpeln.

Aber ...!

Aber, meine Lieben, ihr erinnert euch gewiss an die Bühne, die Kulissen, den Schauspieler und die Rollen ...

Alles – all die Geschwindigkeit, all die Eile – passiert im Rahmen einer Bühne, wo ihr euch ausprobiert, wo ihr euch entschieden habt, eine bestimmte Erfahrung zu machen. Es ist alles in Ordnung, nur glaubt bitteschön nicht, dass es das Wahre ist und dass ihr in Wirklichkeit tatsächlich eilen müsst. Nein, darum geht es nicht.

Überlegt doch ...!

Ich gebe euch eine Möglichkeit – eine Anschauungsalternative zu dem Gewohnten:

Kann es nicht sein, dass sich auf dieser Bühne die Welt auf eine ungeheure Drehzahl beschleunigen muss, damit ihr merkt, dass da irgendetwas nicht stimmt? Kann es nicht sein, dass ihr das Stück schon in- und auswendig kennt,

Das kann doch nicht wahr sein!

tausende Male in allen möglichen Variationen gespielt habt? Denkt nach – die Geschwindigkeit muss immer ein Stück schneller sein als ihr, damit ihr den Unterschied merkt!

Umso schneller ihr selbst werdet, umso besser ihr scheinbar mitkommt, umso fleißiger ihr geübt habt, umso schneller muss die Welt um euch wieder werden, euch überholen bzw. euch – wie ihr sagt – den Stinkefinger zeigen? Ihr könnt nicht gewinnen, ihr könnt nicht mithalten – weil es nicht um Gewinnen und Mithalten geht!

Schaut euch doch an, und wenn ihr es nicht an euch selbst sehen könnt, dann schaut euch eure Mitspieler – Mitbürger – an, wie gehetzt, verschwitzt und ausgezehrt, niedergeschlagen sie erscheinen. Auch diejenigen, die scheinbar ganz vorne sind, können sich heutzutage nicht mehr sicher sein, dass sie auch morgen noch die Siegreichen sein werden, dass sie morgen immer noch mithalten können. Unsicherheit und eine Hetzjagd machen sich breit auf allen Ebenen. Das betrifft nicht nur die Technik und Computerprozessoren oder die Filmszene, die Musik ... Merkt ihr, selbst die ehemals stabilsten Preise überschlagen sich nun täglich ... Alles ist dazu da, um euch etwas Bestimmtes zu spiegeln, um euch auf etwas Bestimmtes aufmerksam zu machen. Was muss noch alles passieren, wie schnell muss alles werden, wie hoch müssen die Preise klettern, bis ihr aus tiefster Seele herausruft:

„Das kann doch nicht wahr sein!"

… und ihr habt Recht, es ist nicht wahr! Es ist doch die Bühne, das Spiel, die Rolle. Außerhalb davon fließt alles in seiner Zeit, in seiner eigenen Geschwindigkeit. Außerhalb davon herrschen Friede und Harmonie und eine wunderschöne, prickelnde Lebendigkeit.

Aus der Rolle erwachen, zu merken, dass man auf der Bühne und nicht „im wahren Leben" steht, hilft euch, euch zu besinnen und die Gewissheit zu erlangen, dass „das doch nicht wahr sein kann!" und dass das Wahre irgendwo anders zu finden ist – in einer anderen Perspektive, einer anderen Schwingung, also einer anderen Geschwindigkeit.

Aus dieser Sicht der Dinge könnte man sich darin üben, sich einzubremsen, sich nicht automatisch von der Hetzjagd antreiben zu lassen und wenn notwendig, sogar stehen zu bleiben, um sich umzuschauen; die Augen, die kaum mehr sehen, weil der Wind und der Druck schon so stark geworden sind, wieder zu beruhigen und zu öffnen, um überhaupt sehen, wahrnehmen zu können, wo man gerade steht.

Meine Freundin könnte euch zu diesem Thema und zu dieser Übung unzählige Geschichten aus eigener Erfahrung erzählen, aber das ist eine andere Geschichte.

Also ... ihr habt sicher schon die fünfte Übung durchschaut:

„Das darf doch nicht wahr sein!", könnte sie lauten, aber ich nenne sie:

DAS IST NICHT WAHR

Logischerweise setzt sie das Einbinden und Üben der vorherigen Übungen voraus.

Erst im Vertrauen in euch selbst, in die Führung und in euer Gespür und dadurch, dass ihr in Aufmerksamkeit seid oder euch in Aufmerksamkeit übt, könntet ihr die Versuchung, immer nur zu eilen, wenn auch nur für kurze Augenblicke, überwinden.[16] Werdet euch dessen bewusst. Erlaubt euch, Augenblicke von Vertrauen, Aufmerksamkeit, Absicht, Bewusstheit und individueller Geschwindigkeit zu erhaschen.

---

16 Jeder Augenblick zählt, bitte macht euch keinen Druck, dass jede Übung hundertprozentig sitzen muss und dass das Vertrauen, die Aufmerksamkeit usw. ab sofort oder irgendwann jede Sekunde, für vierundzwanzig Stunden am Tag, anhalten. Bitte, meine Lieben – ihr seid doch alle Menschen!

Erlaubt euch, Mensch und menschlich zu sein. Habt Geduld mit euch und eurer Menschlichkeit. Vertraut – jeder Augenblick, egal wie klitzeklein er auch sein mag, ist schon ein großer Schritt nach vorn und hat eine große Wirkung mit einem tiefen Zusammenhang zum GANZEN. Wenn es euch nicht gelungen ist – macht nichts, morgen ist auch noch ein Tag …

Erst im Vertrauen, in der Aufmerksamkeit und der optimalen Geschwindigkeit (und das kann auch zeitweise Stehen oder „Still-Stand" bedeuten) ist es möglich, das, WAS NICHT WAHR IST bzw. sich nicht wahrhaftig anfühlt, zu erkennen.

Daraus ergibt sich logischerweise eine sechste Übung:

DAS SPÜREN bzw. FÜHLEN, aber das ist ein zu weit führendes und zu umfassendes Thema für dieses Buch. Nach aufmerksamem, geduldigem Üben der vorherigen Schritte ergibt es sich sowieso wie von selbst.

Das halbe Leben

Hallo meine Liebe, was sagst du, war das jetzt ein übergreifendes Thema für einen Teil von dem, was du am Anfang gemeint hast?

Ich bin ganz „aus dem Häuschen", noch ganz zittrig. Da hast du jetzt aber Gas gegeben, dass wir in diesem Buch noch solche praktischen Dinge, die so „wichtig" sind, in so einem wunderbaren Fluss und Zusammenhang erwähnt haben – das hast du aber die ganze Zeit schön vor mir geheim gehalten! Ich komme nicht aus dem Staunen raus, was wir da heute alles noch reingekriegt haben. Ich hoffe, die Leser werden zum Schluss von den vielen Übungen nicht überrollt.

Vertraust du denn deinen/unseren Lesern nicht?

Oh ja, aber ich habe ja gespürt, was es mit mir selbst gemacht hat, während ich geschrieben habe. Da haben wir ja mein halbes Leben reingebracht.

Ja, das ist wahr. Aber du hast ja dein „halbes Leben" – bitte, das ist auch nur eine Redewendung – jetzt hier offenbart, damit jemand anderer, der sich davon inspiriert, angesprochen fühlt, nicht ein „halbes Leben" damit verbringen muss, sondern aus deinen Erfahrungen und Erkenntnissen schöpfen und weiter seine eigenen Erfahrungen in seiner eigenen Geschwindigkeit machen kann.

Und damit alles klar ist, kannst du ja noch in deinen Workshops mit den Interessierten die angesprochenen Übungen praktisch durchführen und trainieren.

Sind wir nun fertig mit diesen Gesprächen?

Mit diesem Buch ja, mit den Gesprächen, wie du weißt, nicht. Warum auch – es macht uns doch Spaß und ist sehr lebendig, oder?

Ja sehr. Willst du dem Leser zum Schluss noch etwas sagen?

Alles, was ich diesmal und mit deiner Hilfe sagen wollte, habe ich bereits gesagt. Und verabschieden will ich mich nicht – wozu? Ich gehe ja nirgendwo weg, ich bin immer da, wo ich bin.

Ich wünsche allen einen wunderschönen Tag!

Aktuelle Informationen zu Seminaren, Workshops und anderen Veranstaltungen der BewusstseinsAkademie®, sowie zu weiteren Büchern, die im Verlag der BewusstseinsAkademie® erschienen sind, finden Sie unter:

www.BewusstseinsAkademie.com

Aktuelle Artikel der Autorin Kristina Hazler sowie Informationen zu Ihrer Beratungs-, Coaching-, Training- und Therapietätigkeit u.a. auch zum Thema Hochsensibilität, Potentialentfaltung, Umgang mit der Genialität, Aspektologie ... und ganzheitlichen physischen, psychischen und energetischen Konditionsaufbau finden Sie unter:

www.KristinaHazler.com

Bücher der Autorin, aktuelle Textartikel und Ausbildungseinheiten zum Download, finden Sie in unserem online-Shop wo Sie auch Seminare und Beratung direkt buchen können:

www.BewusstseinsWelten.com

Erwachen im MenschSein

__Das Experiment__

ISBN: 978-3-903014-03-9

„Das Experiment – Erwachen im MenschSein" ist ein aufregender, intensiver und geistig stark fordernder Roman zur Selbsterkenntnis und Selbstfindung mit intuitiven Heilungselementen. Die durch eine Vielzahl von Spannungselementen, plastischen Darstellungen und überraschenden Wendungen geprägte Geschichte eignet sich für den Leser hervorragend als Begleit- und Hilfsmittel zum eigenen Unbewussten und Erkennen des eigenen Ich.

Der Mensch und seine Heilung

Das göttliche Puzzle

ISBN: 978-3-903014-00-8

Mit viel Gefühl und Phantasie führt die Autorin die Leserinnen und Leser mittels bunten Gedankenbildern und anschaulichen Beispielen durch die spannenden Zeilen des Buches und fordert sie auf, aus den eingefahrenen und vorgegebenen Vorstellungen, Überzeugungen und Verhaltensmuster auszusteigen, besser in sich selbst hinein zu hören und sich mehr bewusst zu werden. Akribisch, detailgenau und physisch fast spürbar legt sie den Beweis vor, wie der erste Schritt zur Heilung im eigenen Erkennen liegt.

BewusstseinsCoaching 2

Die verkehrte Logik

ISBN: 978-3-903014-06-0

Dieses Buch ist der 2. Teil der aufbauenden Bewusstseins-Coaching-Reihe und spricht verschiedene „Virusprogramme" unseres menschlichen Systems an, die wir in unserem Alltag unbewusst als „verkehrte Logik" ausleben und aus ihr heraus eine Art verkehrter Welt um uns herum aufbauen. Der Weg aus dem „Verkehrten", also zurück zu eigener Essenz und dem Natürlichen ist möglich, durch das Erkennen verdrehter Logik in unserem Leben und die Besinnung auf die natürliche, natürlich-logische Welt, die von der verkehrten nur überlagert wird.

BewusstseinsCoaching 3

Die Kunst der bewussten Wahrnehmung

ISBN: 978-3-903014-01-5

Der 3. Teil der aufbauenden Bewusstsein-Coaching-Reihe beleuchtet die „Kunst der bewussten Wahrnehmung", wie auch die vielen „Warum"-Fragen, die in unserem Leben auftauchen. Nach der verkehrten Logik führt dieser Band wieder einige neue Begriffe ein, wie z.B. den Wissenstransfer und stellt die Technik der Kontrastmittel und der bewussten Wahrnehmung als weitere BewusstseinsInstrumente vor, während er uns in einen Zustand begleitet, in dem wir fähig sind, unser eigenes „höheres" Wissen ins Menschliche zu transportieren.

BewusstseinsCoaching 4

Grenzgänger I

ISBN: 978-3-903014-02-2

Wir leben in der Zeit der geistigen und seelischen Herausforderung. Wir überschreiten täglich unsere persönlichen (Schatten) Grenzen, die uns durch Erziehung und Ausbildung in die Wiege gelegt worden sind. Und doch sollen wir uns immer wieder ein Stück aus dem Geschehen herausnehmen, um kein gejagter und getriebener Grenzgänger zu sein und einen Augenblick in der Liebe zu all den Grenzen, die wir bereits passiert haben, zu verweilen, um uns selbst, dank ihnen, in einem Spiegel der erfolgreich gemeisterten Herausforderungen zu sehen und anzunehmen.

BewusstseinsCoaching 5

Grenzgänge II

ISBN: 978-3-903014-05-3

Dieses Buch ist der zweite Teil von „Grenzgänge", das als Teil 1 im Band 4 von BewusstseinsCoaching erschienen ist. Die „Grenzgänge" beleuchten verschiedene Arten von Blockaden, die uns unbewusst in Form von inneren Grenzen, energetischen Stauseen und Dämmen, die uns in einer Art künstlicher Welt einsperren, unseren Horizont verengen und das berühmte Hamsterrad am Laufen halten. Und was wenn die Grenzen fallen und die Dämme brechen und die Energie, das Bewusstsein, sich wieder zu bewegen beginnen? Worauf sollten wir achten um optimal auf „Neues" vorbereitet zu sein?

www.ingramcontent.com/pod-product-compliance
Lightning Source LLC
Chambersburg PA
CBHW062223080426
42734CB00010B/2006